Faszination Export

© 2016 Orell Füssli Verlag AG, Zürich
www.ofv.ch
Alle Rechte vorbehalten

Lektorat: Esther Hürlimann, Zürich
Umschlaggestaltung: Hauptmann & Kompanie Werbeagentur, Zürich
Design und Umbruch: www.haug-wiezel.ch
Druck: CPI books GmbH, Leck
Fotos: Von den Unternehmen zur Verfügung gestellt: Seite 124 Robert Bösch, Seite 131 Rainer Eder

ISBN 978-3-280-05612-7

Bibliografische Information der Deutschen Nationalbibliothek: Die Deutsche Nationalbibliothek verzeichnet diese Publikation in der Deutschen Nationalbibliografie; detaillierte bibliografische Daten sind im Internet über http://dnb.d-nb.de abrufbar.

Willi Glaeser

Faszination Export

Wie Schweizer Unternehmen im Ausland Erfolg haben

Die Autoren

Willi Glaeser (Herausgeber): Der Schweizer Schreiner und Kunstgewerbeschüler arbeitete sich zum Designmöbelhersteller hoch. Mit 26 Jahren leitet er bereits eine Stilmöbelfabrik in der Westschweiz, mit 35 Jahren zieht er Aufträge in Nordafrika an Land und stattet mit seiner eigenen Firma GLAESER unter anderem Hotels in Ägypten aus. Mit 43 Jahren mischt er zusammen mit seinem Cousin die internationale Designszene mit dem neuen Unternehmen WOGG auf und gewinnt mit der Möbellinie etliche Auszeichnungen. Heute blickt der Unternehmer auf 45 Jahre Erfahrung im In- und Ausland zurück. Willi Glaeser ist nach wie vor bei mehreren Industrieunternehmen aktiv und betätigt sich als Berater und Investor bei Startups mit Exportambitionen.

Christian Zeier, geboren 1986, arbeitet als freier Journalist und Autor in Bern. Während des Bachelor-Studiums erste journalistische Erfahrungen als Praktikant und Redaktor beim Burgdorfer Tagblatt. Ab 2009 für die Berner Zeitung tätig, von 2012 bis 2015 als Redaktor. Parallel dazu Abschluss des Masterstudiums Soziale Probleme und Sozialpolitik an der Universität Fribourg mit Schwerpunkt Migration. 2011 Gründung des Autorenmagazins Zalle*, 2013 Autor des Buches »So wurden sie Menschen« über die Berner Psychiatrie. Seit 2014 Beiträge für diverse Zeitungen, darunter NZZ am Sonntag und Die Zeit.

Yves Demuth, geboren 1981, studierte Zeitgeschichte, Volkswirtschaft und Politologie an den Universitäten Fribourg und Bern. Er schrieb für das Solothurner Tagblatt und die Aargauer Zeitung, war fünf Jahre Wirtschaftsredaktor der Schweiz am Sonntag und arbeitet heute als freier Journalist und für das Konsumentenmagazin saldo. Er ist Co-Autor eines Ratgebers zur Selbstständigkeit und hat 2014 den Deutschen Verbraucherjournalistenpreis gewonnen.

Dank des Herausgebers

Als ich mich vor etwas mehr als zwei Jahren mit der Idee dieses Buch befasste, war ich mir kaum bewusst, worauf ich mich einlassen würde. Vor allem hatte ich die Absicht, dies ganz allein zu tun. Zum Glück entschloss ich mich, Dr. Peter Greminger in dieses Vorhaben einzubeziehen. Ihn hatte ich einige Jahre zuvor beim Bundesamt für Umwelt bei einem Projekt um Wald und Holz kennengelernt. Als Freund riet er mir, zuerst Leute mit Erfahrung zu befragen, und vermittelte mir Kontakte aus seinem Netzwerk von Medienschaffenden und Verlagsleuten. Diese Begegnungen waren sehr hilfreich. Ich danke ihm dafür und auch für seine konstruktive Kritik. Vielen Dank auch an Alberto Silini von der Exportförderungsplattform Switzerland Global Enterprise für seine Hinweise zur Auswahl der Unternehmungen, die als Beispiele dienen sollten. Für die geschichtliche Aufarbeitung des schweizerischen Exports konnte ich Yves Demuth gewinnen, er hat zudem die Geschichte über die WC-Ente verfasst, vielen Dank dafür. Die Herkulesaufgabe – das Führen von fünfzehn Interviews und das Verfassen der daraus entstandenen Unternehmensgeschichten – hat Christian Zeier übernommen, er hat es geschafft, diese packend zu erzählen, mein grosser Dank an ihn. Urs Wiezel danke ich für Bild und Grafik, welche mir als gestaltendem Menschen besonders am Herzen liegen. Ein besonders großes Dankeschön entbiete ich Esther Hürlimann für ihre umsichtige und unentbehrliche Begleitung als Ansprechperson des Verlags.

WOGG Schreibtisch, Christophe Marchand

WOGG Elipse, Benny Mosimann

Paper Collector, TMP, Willi Glaeser

Vorwort des Herausgebers

Sicher ist es eine kühne Annahme, mit einem Buch die Lust auf den Exporterfolg zu wecken. Leistungen aus der Schweiz im Ausland zu verkaufen, war und ist zweifelsohne sehr anspruchsvoll. Dass es aber möglich ist, beweisen die sechzehn wahren Geschichten, die in diesem Buch versammelt sind. Geschichten, die sowohl aktuelle Erfolge erzählen, wie auch früheren Erfolgen unter anderen Rahmenbedingungen auf den Grund gehen. Es geht in diesem Buch um Vorbilder. Auch wenn es für uns Menschen schwierig ist, aus Erfahrungen anderer zu lernen – etwas bleibt immer hängen.

Es wird an mehreren Stellen aufgezeigt, wie mit Leidenschaft Berge versetzt werden, und wie scheinbar Unmögliches eben doch möglich gemacht wird. Engagiert und beherzt werden aus bescheidenen Anfängen Welterfolge erkämpft. Jüngere und ältere Beispiele beweisen die Erfolgsmöglichkeiten – auch im Hochpreisland Schweiz. Die außerordentlichen, ja zum Teil unglaublichen Geschichten sollen Mut machen und das eigene Verhalten positiv beeinflussen. Ich richte mich an alle Menschen, die den Weg ins Ausland noch vor sich haben, vor allem an Personen in der Ausbildung, aber auch an Unternehmerinnen und Unternehmer, die noch Großes vorhaben.

Ziel meiner Botschaft ist es, das »Feuer der Lust« auf eine internationale Tätigkeit zu entfachen, und das Gefühl »Das kann ich auch!« aufglühen zu lassen. Das Buch liefert Ansätze und Ideen dazu. Machen muss man es wie immer selber. Jetzt geht es um den bekannten ersten Schritt. Für mich war Exportieren die Realisierung eines Traums. Ich wünsche viel Erfolg.

Willi Glaeser, Frühling 2016

Ob ein Produkt wirklich gut ist, entscheiden die internationalen Märkte

Willi Glaeser

Fragt man Ökonomen nach dem Grund für den Erfolg der Schweizer Exporteure, heißt es, sie seien so innovativ und so produktiv. Weil ihre Produkte im internationalen Wettbewerb bestehen müssen, sind die Exportunternehmen die Treiber der Innovation, die Treiber des Produktionsfortschrittes und somit maßgebende Treiber der gesamten Volkswirtschaft. Sind die exportorientierten Firmen stark, dient das dem Wohlstand und der Stabilität eines Landes. Gefragt sind deshalb leidenschaftliche Exporteure, die lustvoll neue Ideen verfolgen und sich in die Märkte stürzen. Gerade jetzt. Was aber braucht es, um im Ausland Erfolg zu haben mit seinen Produkten und Dienstleistungen?

Bei mir stand am Anfang pure Abenteuerlust. Fremde Länder, ja möglichst exotische, haben mich immer interessiert. So zog es mich zunächst vom aargauischen Baden in die Romandie. Nach Handwerkslehre, Meisterprüfung, Ausbildung zum Leutnant, Kunstgewerbeschule und Technikerdiplom wurde ich mit 25 Jahren Assistent des Betriebsleiters einer Stilmöbelfabrik in der Westschweiz. Mein Boss, der Nachkomme der Besitzerfamilie, war noch ein Jahr jünger. Nach kurzer Zeit übernahm ich die Betriebsleitung und blieb insgesamt fünf Jahre. Der Chef und ich, wir waren ein Dream Team und hatten überdurchschnittlichen Erfolg. Zwei Jahre hintereinander verdoppelten wir die Umsätze. Jetzt war ich fest im Sattel und bereit für Anspruchsvolles.

1970 trat ich in unsere Familienfirma ein. Wie nicht anders zu erwarten, wollte ich alles verändern. Es kam zum Eklat. Bald übernahm ich die Gesamtleitung und war nun frei im Handeln. Aus meiner Zeit in der französischen Schweiz hatte ich gute Beziehungen zu einem der Hauptkunden aufgebaut. Das schweizerische Vorzeigeunternehmen Mövenpick war mit ihrem Gründer Ueli Prager in voller Expansion ins Ausland. Da ich in den vergangenen Jahren gemerkt hatte, dass vor allem gesamtheitliche Lösungen gefragt sind, stellte ich mich darauf ein und bot solche an. Als ich 1971 meinen Freunden mitteilte, dass wir jetzt ganze Innenausbauten mit allem Drum und Dran nach Deutschland lieferten, meinten diese, das würde nie funktionieren. Du als Schreiner willst nach Deutschland exportieren? Grotesk! Sie sollten sich täuschen. Wir konnten die internationale Konkurrenz ausstechen und gewannen den Auftrag. Seit 1971 haben wir ununterbrochen exportiert. Vorwiegend nach Deutschland, aber auch nach Österreich und Frankreich.

Irgendwie war mir aber Europa zu wenig. Zudem wurde die Region ab 1974 von der Ölkrise gebremst, und die Arbeit wurde knapp: Es mussten zwingend neue Ideen entwickelt und neue Märkte erschlossen werden. Ich hatte Glück. 1975 bot sich die Gelegenheit, bei einem Konsortium für einen Auftrag in Libyen mitzutun. Das klang schon besser und roch ein wenig nach Exotik. Wir bauten Räume für die Offiziere der Armee aus, darunter auch ein unterirdisches Büro für den Revolutionsführer Muammar Gaddafi. Neben einem enormen administrativen Aufwand für den Transport kam noch derjenige für das Montagepersonal dazu. Zu einer Ausweisübersetzung ins Arabische mussten pro Person dreißig Passbilder für die verschiedenen Zugangsbewilligungen geliefert werden. Trotz der völlig andersartigen Verhältnisse konnten die Arbeiten ohne nennenswerte Probleme abgewickelt und fertiggestellt werden. Eine gute Voraussetzung für weitere Taten in diesem Stil.

Im Frühjahr 1976 – die Baukonjunktur in der Schweiz hatte den Tiefpunkt erreicht – erfuhr ich vom Vorhaben der Mövenpick Gruppe, ein Hotel in Kairo zu bauen. Natürlich meldete ich mich umgehend bei den Verantwortlichen mit dem Hinweis auf meine Erfahrungen in der Region. Wir erhielten den Auftrag für die öffentlichen Räume in diesem Haus. Ich war überglücklich. Denn einerseits brauchten wir dringend Futter für unsere Produktion, und anderseits war dies der bisher größte Auftrag der Firmengeschichte. Aber es sollte noch besser kommen. Die deutsche Unternehmung, die mit der Ausführung der Zimmermöblierung betreut worden war, weigerte sich, den Vertrag zu unterscheiben, da ihr die inhaltlichen Bedingungen zu fremd und damit das Risiko zu groß waren. Man fragte mich, ob ich einsteigen wolle. Nach dem Studium der Akten und einer Bedenkzeit über das Wochenende sagte ich zu. Dieser Auftrag war in D-Mark ausgestellt, was mich vorerst nicht kümmerte. Das Abenteuer konnte beginnen, und nach wenigen Wochen waren wir mit zehn Sattelschleppern unterwegs. Abgesehen von den zu erwartenden Störungen lief das Ganze gut und das Hotel konnte termingerecht eröffnet werden. Die Überraschung kam danach. Die deutsche Währung kam ins Rutschen und ihr Wert fiel innert Monaten von rund 1.10 Franken auf unter 80 Rappen. Wir hatten ungefähr eine Million Franken offen und unsere Kalkulation basierte logischerweise auf dem höheren Frühjahrskurs! Experten empfahlen mir, sofort zu wechseln, denn der Kurs werde noch schlechter. »Da kann ich dichtmachen, denn einen solchen Verlust können wir nicht verkraften«, erklärte ich. Unglaublich, aber der Kurs stieg in wenigen Wochen auf 1.08 Franken.

Trotz dieses warnenden Zeichens des Himmels machte ich weiter und wickelte in den Folgejahren große Volumen in Kuwait und in Saudi-Arabien ab, bevor 1982 in Ägypten die Meisterprüfung auf mich wartete. Diesmal ging es um das Mövenpick-Hotel in Luxor. Wir erhielten den kompletten Ausbau- und Ausrüstungsauftrag – eine Riesengeschichte. Da ich die Verhältnisse ja kannte, ging ich mit großer Lockerheit an die Sache. Leider hatten sich in der Zwischenzeit mit dem Regierungswechsel die Rahmenbedingungen stark verändert. Es war eine Art Hölle in der Wüste. Fünfzehn meiner Vierzigfuß-Container waren siebzig Kilometer vom Hafen Alexandria in den Sand gekarrt und dort abgestellt worden. Man erklärte mir, dass die von mir eingeführten Dinge zu den verbotenen Waren zählen würden. Man drohte mit dem Versenken der Container im Meer. Während sechs Wochen führte ich mit meinem ägyptischen Begleiter täglich Verhandlungen vor Ort. Wir zogen hierzu alle Register. Als sich die Barriere für die erste Ladung öffnete, brach ich in Tränen aus. Für die lange Standzeit im Wüstenlager präsentierte man mir noch eine Rechnung über zweihunderttausend Franken, quasi als Sahnehäubchen oder Tritt in den Hintern. Die Probleme bei diesem Bauprojekt in Oberägypten waren damit noch nicht zu Ende, aber nicht wegen mir. Es kam zu einer Auseinandersetzung zwischen Bauherrschaft und Generalunternehmer, wonach Letzterer abzog. Doch die Gebäude waren erst halbfertig. Wie weiter? Ich witterte meine Chance und bot an, das Werk fer-

WOGG Litfaßsäule, Hans Eichenberger

tigzustellen. Meine Bedingung: Ich rechne die zusätzlichen Arbeiten wöchentlich ab und der Auftraggeber übernimmt meine Standkosten für die Lagerung. Mit einer zusammengewürfelten Truppe von rund fünfzig Leuten aus zwanzig Ländern wurden die Arbeiten beendet, und die ersten Gäste konnten zum geplanten Zeitpunkt empfangen werden. Ein unvergesslicher Lebensabschnitt.

Von Aufträgen in Afrika hatte ich danach genug, nicht aber von der internationalen Tätigkeit. Parallel zur Umsetzung von Innenausbauten im größeren Stil verfolgte ich mit meinem Cousin Otto das Projekt einer eigenen Möbelkollektion, auch hier meinten einbezogene Beobachter: keine Chance! Wir hatten uns 1981 zusammengetan und arbeiteten vor allem in unserer Freizeit leidenschaftlich an diesem Vorhaben. Wir wollten etwas echt Neues auf den Markt bringen. 1983 war es dann so weit. Die ersten Produkte der Möbellinie WOGG – zusammengesetzt aus den Initialen unserer Namen – war bereit. Nur sehr wenigen Schweizer Möbelfabrikanten gelang damals der Export ihrer Produkte, doch genau diese Unternehmungen nahmen wir uns zum Vorbild. Es gelang uns gleich von Beginn weg, ausländische Handelspartner zu gewinnen. Nach 14 Jahren erreichte unser Exportanteil die 50-Prozent-Marke, später mussten wir jedoch Rückschläge hinnehmen, die auf die kränkelnden Exportmärkte zurückzuführen waren. Mit unseren Produkten begeistern wir bis heute Kunden in Deutschland, Österreich, Frankreich, Japan, Australien oder den USA.

Gleichzeitig führte ich weiterhin meine Innenausbau- und Möbelbaufirma GLAESER. Bei einem Bürorundgang bemerkte ich das viele Papier, das zerknüllt in den Papierkörben lag. Das brachte mich auf eine Idee. Der Papierstapler aus Draht, den ich daraufhin konzipierte und durch einen Partner in China herstellen ließ, wurde über eine Million Mal verkauft und als einer der bedeutendsten Designklassiker der letzten 200 Jahre gewürdigt. Ich darf für mich beanspruchen, das Sammeln von Zeitungen salonfähig gemacht zu haben. Der Verkauf durch den Shop des Museums of Modern Art in New York förderten die weltweite Akzeptanz des Produkts. Der Erfolg rief Nachahmer auf den Plan, die wir dank eines umfassenden Designschutzes aus dem Markt kippen konnten. Ja, warum also dieses Buch? Ich bin der festen Überzeugung, dass die wahre

Prüfung, ob eine Sache wirklich gut ist, auf den internationalen Märkten statt-findet. Diese Herausforderung ist echtes Unternehmertum, diesen Beweis zu führen lohnt sich. Er führt nicht nur zu einem persönlichen Mehrwert, er führt auch zu höherer Akzeptanz auf dem Heimmarkt. Mit diesem Buch möchte ich Mut zum Exportieren machen. Die auf den folgenden Seiten präsentierten Erfolgsgeschichten unterschiedlichster Schweizer Exporteure regen zu neuen Ideen an. Die Erfolgsanalyse und die Tipps im Schlussteil erleichtern es, den Schritt ins Ausland zu wagen und dort zu reüssieren.

Export statt Armut

Wie es die Schweiz an die Wohlstands-Weltspitze schaffte

Ihren Ruf als bedeutendes Exportland verdankt die Schweiz der Textilindustrie. Ab 1800 exportieren Tuchhersteller, Stoffwebereien und Stickereien ihre Produkte über Europa hinaus bis nach Übersee. Dank stabiler Qualität sind Schweizer Textilprodukte im Ausland gefragt. Im Jahr 1840 machen Textilien 72,6 Prozent aller Exporte aus, 8,2 Prozent sind Uhren, 0,4 Prozent chemische Produkte und nur 0,1 Prozent Maschinen.

Gehandelt wird bereits global: Ägypten ist ein wichtiger Baumwolllieferant, Schweizer Taschenuhren gehen bis in die amerikanischen Kolonien und den Orient. Die protestantischen Glaubensflüchtlinge (Hugenotten) haben den Außenhandel mit Hilfe ihrer internationalen Kontakte bereits früh intensiviert. Zudem haben diese Einwanderer die Uhren- und Textilindustrie entscheidend geprägt.

Die reichsten Staaten Europas sind um 1800 aber Großbritannien, die Niederlande und Belgien. Das Bruttoinlandprodukt pro Kopf ist in diesen Gebieten fast doppelt so hoch wie in den 22 autonomen Kantonen. Doch die Schweiz überholt bereits in den 1890er-Jahren die Niederlande, nach der Jahrhundertwende Belgien und kurz nach dem Ersten Weltkrieg die führende Industrienation Großbritannien, wie historische Berechnungen des Bruttoinlandprodukts pro Kopf zeigen. Doch wie kann die Eidgenossenschaft in so kurzer Zeit zu einem der reichsten Länder der Welt aufsteigen?

Wirtschaftsfreiheit und Handelspolitik der Großmächte als Treiber

Die Grundlage für den wirtschaftlichen Aufschwung zu Beginn des 19. Jahrhunderts bildet die Abschaffung des Zunftwesens. Mit dem Einmarsch von Napoleons Truppen in die Schweiz verliert die innovationsfeindliche Zunftwirtschaft stetig an Einfluss auf das Wirtschaftsleben. Die Handels- und Gewerbefreiheit erleichtert die rasche Industrialisierung.

In verschiedenen Branchen macht die Schweiz markante technische Fortschritte. Neue Mule-Spinnmaschinen aus Großbritannien ermöglichen ab 1800, Garn weicher, gleichmäßiger und günstiger herzustellen. Das führt zu einer Gründungswelle von mechanischen Baumwollspinnereien. 1805 gründet etwa Hans Caspar Escher in Zürich seinen Betrieb und legt damit den Grundstein der Maschinenfabrik Escher, Wyss & Cie. Die Stahlindustrie macht dank dem Feuerspritzengießer Johann Conrad Fischer einen Quantensprung. Der gelernte Kupferschmied schafft es 1806 als Erster außerhalb Großbritanniens, Gussstahl herzustellen. Trotz Einladung des französischen Innenministeriums wandert der Erfinder nicht aus, sondern gründet in Schaffhausen eine Stahlgießerei, die sein Enkel Georg Fischer zum Großbetrieb ausbaut.

In der Eisenindustrie leistet der Solothurner Patrizier Ludwig von Roll Pionierarbeit. Er investiert sein Kapital 1810 in zwei Hochöfen und eine Hammerschmiede, kann die Eisenwerke 1823 aber nur durch eine Auffang-Aktiengesellschaft vor der Pleite retten.

Einen Schub erhält die Schweizer Wirtschaft ab 1806 mit Napoleons Handelsblockade gegenüber Großbritannien. Englische Textilien und Maschinen sind während der siebenjährigen Kontinentalsperre Mangelware. Das bietet Chancen: Der Emmentaler Christian Schenk etwa wird als talentierter Konstrukteur und Industriespion zu einem gefragten Mann. Der Bauernsohn mit Dorfschulabschluss schafft es, nach einer bloß viertelstündigen Fabrikbesichtigung in Rapperswil eine Spinnmaschine für einen Berner Strumpfhersteller nachzubauen. Später fertigt er mit zwölf Gesellen Sägemaschinen, Feuerspritzen oder Kopien von englischen Waagen an.

1810 beginnt auch Hans Caspar Escher in seinen Reparaturwerkstätten die Spinnmaschinen der Engländer nachzubauen. Der Schritt verdeutlicht den Übergang von der Textilindustrie zur Maschinenindustrie. Escher, Wyss & Cie wird ab 1829 die größte Maschinenfabrik der Schweiz. Was der Firma hilft: Noch bis 1842 verbietet Großbritannien den Export von Textilmaschinen, in der falschen Hoffnung, damit die technologische Führung zu behalten.

Solche Entwicklungen in Nachbarländern prägen die kleine Schweizer Volkswirtschaft stark. Das winzige Land ist den Maßnahmen der Großmächte einerseits ausgeliefert. Andererseits versteht es die Schweiz, viele Fehlentscheide europäischer Mächte für sich zu nutzen. Weil Napoleon die Textilindustrie Englands vom Kontinent abschneidet, kann die Schweiz im Schutz der Handelsschranken eine eigene Industrie aufbauen. Diese ist jedoch noch nicht wettbewerbsfähig, als Napoleons Reich zusammenkracht und das Handelsembargo verschwindet. Hochwertige und günstige Textilien aus England überschwemmen die Schweiz, Spinnereien müssen schließen und Tausende verlieren ihre Arbeit.

Die Eidgenossenschaft durchlebt in der Folge 1816 und 1817 eine schwere Wirtschaftskrise. Gleichzeitig kämpft das Land in diesen beiden Jahren mit der letzten Hungersnot seiner Geschichte. Ein Vulkanausbruch im fernen Indonesien führt zu tiefen Temperaturen, intensiven Regenfällen, katastrophalen Missernten und einer Getreideknappheit. Im »Jahr ohne Sommer« sterben in der Ostschweiz einige der Ärmsten gar an Hunger.

Die Spinnerei von Johann Jacob Rieter am Wildbach in Winterthur muss 1817 ebenfalls aufgeben. Der ehemalige Baumwollhändler lässt sich vom Rückschlag jedoch nicht entmutigen und errichtet zusammen mit seinem Sohn Heinrich Rieter nach englischem Vorbild drei neue Großbetriebe. In Winterthur-Niedertöss etwa entsteht eine neue Spinnerei mit mechanischer Werkstätte. Die Textilprodukte exportiert Rieter mit zunehmendem Erfolg nach Deutschland, Österreich und Übersee. In der Werkstätte stellt Rieter dank Werkspionage in England erfolgreich eigene Maschinen her. Daraus entsteht die Maschinenfabrik Rieter, die später unter anderem Motoren, Generatoren und Turbinen produziert.

Auch andere Spinnereien können dank guter Gewinne während der Handelssperre in die Modernisierung investieren und so den englischen Fabriken nacheifern. Der Erfolg ist erstaunlich: Bis 1827 werden vier Mal mehr Spinnwaren produziert als 1814. Die Schattenseiten dieses Erfolgs sind die Arbeitsbedingungen. In den Baumwollspinnereien arbeiten Kinder bei wenig Licht und schlechter Luft bis zu 16 Stunden täglich an gefährlichen Maschinen. 1816 beschäftigt beispielsweise die moderne Spinnerei Hard in Winterthur 80 Kinder. Ihre Schicht dauert von 6 bis 20 Uhr, danach beginnt der Schulunterricht. Da die Kinder während des Unterrichts oft einschlafen, wird dieser wieder abgeschafft. Ab 1877 verbietet die Eidgenossenschaft jedoch Kindern unter 14 Jahren die Fabrikarbeit und begrenzt die Arbeitszeit auf maximal elf Stunden.

10 bis 20 Prozent der Bevölkerung sind in der ersten Jahrhunderthälfte arm und auf Unterstützung angewiesen. Die Verelendung wird unter dem Begriff »Pauperismus« intensiv diskutiert. Es kommt zu Auswanderungswellen insbesondere nach Lateinamerika und in die USA. Einige Kantone schieben die Armen gar zwangsweise ab. Die industrialisierten Gebiete leiden jedoch weniger unter Armut als die ländlichen Regionen.

Industriebetriebe sind indes bis Mitte des Jahrhunderts spärlich gesät. Wer sich spezialisieren und überregional Handel treiben will, wie etwa der Winterthurer Feuerspritzenmacher Johann Jakob Sulzer, braucht Nerven. Denn es gibt keinen Binnenmarkt. Das bedeutet: Abgerechnet wird je nach Kanton und Region in Franken, Batzen, Kreuzer, Gulden, Livres oder Schillingen, beim Transport fallen Brückenzölle an und gewogen und gemessen wird mit unterschiedlichen Einheiten. Johann Jakob Sulzer baut ab 1834 mit seinen Söhnen dennoch erfolgreich eine Eisengießerei auf. Das Unternehmen produziert bald Heizungen, Dampfmaschinen und ab 1857 Pumpen. 1860 eröffnet Sulzer das erste Auslandbüro in Turin und 1887 die erste ausländische Produktionsstätte in Deutschland.

Der Zar von Zürich führt in die Moderne

Erst mit der Gründung des modernen Bundesstaates 1848 wird es wesentlich einfacher, überregional zu geschäften. Jetzt können Unternehmen einen nationalen Binnenmarkt bearbeiten und ohne interne Zölle handeln. Zwischen 1850 und dem Ersten Weltkrieg klettert der Anteil der Exporte am Bruttoinlandprodukt von rund zehn Prozent auf zwei Drittel. Dies führt zu beträchtlichen Wohlstandsgewinnen.

Zahlreiche neue Firmen entstehen, darunter sind Versicherungen und Banken. Es ist die Zeit Alfred Eschers. Der Eisenbahnpionier, Bankengründer und Politiker gilt als »größter Tycoon des Fortschritts, den die Schweiz je hatte« (Peter von Matt), als »Feldherr der Materie« (Jeremias Gotthelf) oder als »Zar von Zürich«, wie ihn kritische Zeitgenossen nennen. Alfred Escher ist die helvetische Leitfigur des nun einsetzenden wirtschaftlichen Booms.

Escher präsidiert die Schweizerische Nordostbahn, gründet die Schweizerische Kreditanstalt (heute: Credit Suisse) und die Rentenanstalt (heute Swiss Life) mit, initiiert den Bau des Gotthard-Eisenbahntunnels, führt als Zürcher Regierungsrat in den Gymnasien moderne Sprachen und naturwissenschaftliche Fächer ein und weibelt als Nationalrat für die Gründung der Eidgenössischen Polytechnischen Schule, der heutigen ETH Zürich. Die neu gegründeten Hochschulen tragen als »Kathedralen des Fortschritts« wesentlich zur Modernisierung der Schweiz bei.

Die massiven Investitionen in den Ausbau des Eisenbahnnetzes fördern die inländische Nachfrage nach Maschinen und Bautechnik. Die internationale Eisenbahnanbindung erleichtert den Warenaustausch und katapultiert die Schweizer Wirtschaft mit hohem Tempo in die Moderne. Erst der Frankfurter Börsencrash von 1873 und die darauf folgende Rezession bändigen den Boom vorübergehend.

Diese ersten 25 Jahre des neuen Bundesstaates wirken bis ins 21. Jahrhundert nach: Neun der heute zwanzig größten börsenkotierten Schweizer Unternehmen wie auch zahlreiche andere Firmen haben Wurzeln in dieser Gründerzeit: 1848 wird die Uhrenmanufaktur Omega gegründet (heute Swatch Group), 1853 der Maschinenhersteller Saurer (2006 von OC Oerlikon übernommen), 1856 die Schweizerische Kreditanstalt (heute Credit Suisse), 1857 die Schweizerische Lebensversicherungs- und Rentenanstalt (heute Swiss Life), 1859 die Seidenfärberei von Alexander Clavel (später Ciba, heute Novartis), 1862 die Bank in Winterthur (ab 1912 Schweizerische Bankgesellschaft, heute UBS), 1863 die Schweizerische Rückversicherungs-Gesellschaft (heute Swiss Re), 1866 Nestlé und

1869 die Transport-Versicherungsgesellschaft Zürich (heute Zurich Insurance Group). Auch der globale Handel professionalisiert sich in jenen Jahren. Caspar Brennwald gründet 1865 zusammen mit Hermann Siber das erste Schweizer Handelshaus. Die Firma nimmt Sitz in Yokohama (Japan) und exportiert Reis, Baumwollstoffe und insbesondere Seide in die Schweiz. Der zuvor abgeschlossene Freihandelsvertrag zwischen der Schweiz und Japan erleichtert dies. In Singapur und auf den Philippinen entstehen 1887 die Schweizer Handelshäuser Diethelm & Co und Ed. A. Keller & Co. 2002 fusionieren die drei Firmen zum Handelskonzern DKSH.

Im erfindungsreichen Billiglohnland steigen die Löhne

Der sprunghafte Anstieg der Anzahl Aktiengesellschaften bringt ab 1850 ein zunehmend erfolgsorientiertes und wirtschaftsbewusstes Bürgertum hervor. Die sozialen Unterschiede sind zwar weiterhin groß, doch die Löhne erhöhen sich insbesondere ab 1860 stärker als die Teuerung. Die Einkommen steigen im letzten Viertel des 19. Jahrhunderts schneller als in Frankreich oder Großbritannien. Der Handel wird immer wieder durch Wirtschaftskrisen oder die protektionistische Zollpolitik der Nachbarstaaten erschwert. Die Exportunternehmen reagieren, indem sie Produktionsstätten im grenznahen Ausland gründen. Dort liegen die Löhne teilweise bereits tiefer als in der Schweiz. Denn die Eidgenossenschaft verwandelt sich zusehends von einem Billig- in ein Hochlohnland.

1888 wird in dreifacher Hinsicht ein Wendepunkt erreicht: Erstmals zählt die Schweiz mehr Einwanderer als Auswanderer. Erstmals arbeiten mehr Personen in Industrie und Gewerbe als in der Landwirtschaft. Und erstmals können Erfindungen auf eidgenössischer Ebene patentiert werden. Der eingeführte Patenschutz markiert den Übergang zu einer Industrie, welche die technologische Führung übernommen hat. Die Schweizer Maschinenbauer sind von Kopierern zu Innovatoren geworden.

Der zunehmende Tourismus, die Elektrifizierung und der Kraftwerkbau bringen weitere Industriezweige hervor. 1889 entsteht mit dem Hotelbauboom der Liftbauer Schindler, 1891 der Elektrotechnikkonzern BBC (heute ABB). Die

Chemieindustrie spezialisiert sich, es entstehen 1895 der Duftstoffhersteller Givaudan oder 1896 das Pharmaunternehmen Roche.

Die Kleinheit des heimischen Marktes führt früh zu einer starken Internationalisierung der Unternehmen, aber auch zu einer starken Abhängigkeit von weltwirtschaftlichen Entwicklungen. Am Vorabend des Ersten Weltkriegs bezieht ein Drittel der Bevölkerung die Löhne direkt oder indirekt aus dem Außenhandel. 1912 exportieren die Schweizer pro Kopf weltweit am meisten Maschinen. Und wahrscheinlich ist die kleine offene Volkswirtschaft zu diesem Zeitpunkt sogar die Pro-Kopf-Exportweltmeisterin insgesamt. Statt arme Auswanderer exportiert die Schweiz jetzt Güter. Das Land ist eine kleine wirtschaftliche Macht geworden, deren Wohlstand stark vom Außenhandel abhängt.

Das Erfolgsrezept

Doch weshalb hat die Schweiz nun die Niederlande, Belgien und Großbritannien beim Bruttoinlandprodukt pro Kopf überholt? Historiker nennen die frühe internationale Verknüpfung der Wirtschaft, Glück, Fehlentscheide von Nachbarstaaten sowie eine positive Grundeinstellung gegenüber Arbeit und Leistung als Gründe für die gelungene wirtschaftliche Aufholjagd.

Entscheidend sind weiter die günstigen Rahmenbedingungen wie die Wirtschaftsfreiheit, der geschaffene Binnenmarkt, die politische Stabilität im modernen Bundesstaat ab 1848, die liberale Wirtschaftspolitik, das stetig verbesserte Ausbildungssystem für Lehrlinge sowie Studenten – und das Glück, vom Krieg verschont zu bleiben. Auch dass die als Handelspartner wichtigen Nachbarstaaten nach Kriegen jeweils schnell zu Wachstum zurückfinden, ist entscheidend für die exportorientierte Schweizer Wirtschaft. Protektionistische Hürden vermochten die Handelswege jeweils bloß zu verändern, das Innovationstreiben stoppten sie nicht.

Der moderne Bundesstaat wirkt zudem wie ein Magnet und zieht zahlreiche Talente an. So sind unter den Einwanderern Gründerfiguren wie der deutsche

Apothekerlehrling Heinrich Nestle oder der Londoner Konstrukteur Charles Brown, der ab 1851 in Winterthur für Sulzer Dampfmaschinen von Weltruf baut. Sein gleichnamiger Sohn gründet später mit dem deutschen Maschinenbauer Walter Boveri die BBC (heute ABB).

Im internationalen Vergleich kommt es dank dem Arbeitsfrieden ab 1940 kaum mehr zu Streiks, was für Unternehmen von Vorteil ist. Den Arbeitsfrieden ermöglicht die vertraglich geregelte Konfliktlösung zwischen Arbeitgebern und Arbeitnehmern, welche 1937 in der Maschinenindustrie erstmals vereinbart wird.

Doch auch Genauigkeit, Fleiß sowie eine positive Einstellung gegenüber der schulischen und beruflichen Ausbildung werden als Erfolgsfaktoren genannt. Denn je besser ausgebildet eine Gesellschaft ist, desto reicher ist sie. Selbst die kommunalen Armenbehörden erkennen in vielen Kantonen gegen Ende des 19. Jahrhunderts den Wert der Berufsbildung: Es verbreitet sich die Überzeugung, dass eine gute Ausbildung auch bei Verdingkindern ein gutes Rezept gegen die Armut ist. Statt die Kinder so günstig wie möglich zu versorgen, wird ihnen vermehrt eine Lehre ermöglicht.

Die Grundbedingung für die Entstehung eines bildungsorientierten Bürgertums ist eine Gesellschaft, in der sich Ausbildung auszahlt – entweder in Form eines höheren Lohns oder in Form von Aufstiegschancen. Geschichten wie jene von Holcim-Gründer Jakob Schmidheiny, der es vom Arbeiter zum Ziegeleibesitzer bringt, sind zwar die große Ausnahme. Bezeichnend ist jedoch, dass der Fabrikarbeiter 1862 als 24-Jähriger die Realschule nachholt, weil er mangels Schulbildung bei fabrikinternen Beförderungen immer übergangen wird.

Schlussendlich basiert der Erfolg der Schweiz aber auf Millionen von Initiativen einzelner Einwohner, welche ihre Aufstiegschancen packen und ihre Ideen umzusetzen versuchen. Heute ist das Schweizer Wohlstandsniveau ähnlich hoch wie in einigen anderen europäischen Regionen wie etwa Süddeutschland. Auch bei den Exportquoten liegt die Schweiz nicht mehr unangefochten an der Spitze.

Unter den exportorientierten Unternehmen sind heute die Chemie- und Pharmaindustrie dominant. Sie stellen 2014 zwei Fünftel der Schweizer Exportwaren her, die insgesamt 208 Milliarden Franken Wert haben. Ein Fünftel der Exporte stammt von der Maschinen-, Elektro- und Metallindustrie, 10 Prozent von der Uhrenindustrie und nur noch 1,5 Prozent von der Textilindustrie. Geografisch sind die europäischen Handelspartner noch immer am wichtigsten. Knapp 60 Prozent der Güterexporte gehen nach Europa – Tendenz sinkend.

Die internationalen Verflechtungen haben jüngst nochmals stark zugenommen: Der Anteil der Waren- und Dienstleistungsexporte am Schweizer Bruttoinlandprodukt von 635 Milliarden Franken stieg zwischen 1990 und 2013 von 41 Prozent auf unglaubliche 72 Prozent. Gleichzeitig kletterte die Importquote von 41 auf 60 Prozent. Die höheren Quoten widerspiegeln einerseits die globalisierten Handelsbeziehungen. Andererseits belegen sie die Stärke der Schweizer Exporteure. Denn zieht man von den Bruttoexporten die importierten Vorleistungen ab, machen die Nettoexporte rund 40 Prozent der inländischen Wertschöpfung aus. Dieser Wert ist zwischen 2001 und 2010 um fast 10 Prozent gestiegen. Das zeigt: Die Fertigungstiefe ist im internationalen Vergleich hoch. So hoch, wie es nur mit hochwertigen Produkten und Dienstleistungen möglich ist.

26

WC-Ente: Ein Erfinder macht sich die Hände schmutzig

Wie aus einem einfachen Drogerieprodukt eine erfolgreiche Weltmarke wird, machte das Ehepaar Walter und Vera Düring mit der WC-Ente vor. Innovativer Tüftler-Geist in Verbindung mit pickelhartem Vertriebsfleiß sorgten für den zündenden Funken. Dabei scheute die Unternehmerfamilie auch keine schmutzigen Hände.

Selbst beim Segeln kann Walter Düring das Tüfteln nicht lassen. Als der Erfinder der WC-Ente mit seiner Frau Vera diesen Sport erlernt, vertieft er sich so intensiv in die Materie, dass er am Ende Schweizer Meister wird. Mit an Bord seines Segelbootes ist eine seiner Erfindungen: ein Windrichtungsanzeiger für Scglcr, der präziser und einfacher lesbar ist als die handelsüblichen Produkte. Er habe sich überlegt, seinen Windanzeiger patentieren zu lassen, sagt der vife Pensionär. Doch der Markt sei seiner Einschätzung nach zu klein dafür.

Man merkt, dem Zürcher Erfinder mangelt es nicht an neuen Ideen für technische Innovationen. Problemanalyse, Eigenkonstruktion und Marktpotenzialabschätzung sind für Walter Düring selbst beim Segeln normal. Doch wer den gelernten Drogisten trifft, kann sich erst nicht recht vorstellen, dass dieser höfliche Geschäftsmann im rauen Putzmittelgeschäft reich geworden ist. Er wirkt äußerst korrekt und mag es praktisch. In seine Kaffeetasse kommt nichts als Nescafé Gold, am Mittag isst er am liebsten Cornflakes mit Milch. Dem Inhaber von zwölf Patenten geht jegliche Großspurigkeit ab, und auch die Gerissenheit eines Unternehmers kann man auf den ersten Blick nicht erkennen.

Doch der Eindruck trügt. Der selbstbewusste Tüftler ist nicht auf den Mund gefallen. Er selbst bezeichnet sich als unverbesserlicher Besserwisser mit großem Wissensdurst. Ob Chemie, Mechanik oder Maschinenbau, dem einstigen Gymnasiumabbrecher ist nichts zu kompliziert, um es sich selbst beizubringen. Um die Tücken des Vertragsrechts, des Patentschutzes oder des Markenrechts kümmert sich der junge Düring als Geschäftsführer einer Kleinfirma mit beschränktem Budget selbst – auch nachdem er an einem heißen Freitagnachmittag am 18. Juli 1980 die WC-Ente erfindet.

Für seine erfolgreichste Erfindung leisteten zwei Frauen bereits einige Vorarbeit. Seine Frau, Vera Düring-Orlob, mischte die erste WC-Enten-Flüssigkeit zusammen. Seine Mutter, Maria Düring-Keller, verkaufte bereits ab 1951 ein selbstgemischtes Entkalkungsmittel an Großverbraucher. »Meine Mutter hat die Tragweite der Verkalkung im Haushalt erkannt. Das war ihre Leistung«, betont Walter Düring. Inspiriert von einem Industrieentkalkungsmittel, entwickelt Maria Düring mit der Hilfe eines ETH-Chemikers einen Entkalker für den Privatgebrauch und hausiert damit bei Schulen, Spitälern und der öffentlichen Verwaltung. Ihr selbstgemachtes Säure-Glucose-Gemisch tauft sie Durgol. Die ersten drei Buchstaben stehen für den Namen Düring.

Eine erste Erfindung versechsfacht den Umsatz

Walter Düring beginnt mit 19 Jahren eine Lehre als Drogist. Er lernt seine Frau Vera Orlob kennen, ebenfalls eine Drogistin. Düring heiratet, arbeitet vier Jahre lang auf dem Beruf und besteht 1962 die Meisterprüfung. Doch die Drogerie seines Vaters am Bucheggplatz in Zürich mag der ungestüme 27-Jährige nicht übernehmen. Er sieht im Durgol-Entkalker seiner Mutter bessere Chancen.

Doch das Produkt hat viele Konkurrenten, weshalb Düring nach neuen Vertriebsideen sucht. Seine Frau schlägt vor, ein Gerät zu entwickeln, dass das Toilettenputzen unter dem Rand ermöglicht, ohne in die Schüssel zu greifen. Düring gefällt die Idee. Er konstruiert ein Reinigungsgerät, seine erste Erfindung. Dank dem 5-Liter-Bidon mit Schlauch und Schaumgummi-Reinigungsgriff können die Hausmeister serienmäßig WC-Schüsseln unter dem Rand reinigen. Das Gerät beflügelt das Geschäft und lässt die Durgol-Verkaufszahlen explodieren. Der Umsatz versechsfacht sich innerhalb eines Jahres von 24'000 Franken auf 151'000 Franken. Dürings Taktik: Jeder Großkunde erhält das Reinigungsgerät gratis, wenn er 30 Liter Durgol kauft. »Damit haben wir der gesamten Konkurrenz das Geschäft weggenommen«, sagt er.

Nach diesem Erfolg gründet die Familie 1964 die Düring AG. Für seine 50-Prozent-Beteiligung am Aktienkapital muss Walter Düring von seinen Eltern 50'000

Franken ausleihen. Bereits nach einem Jahr kann er den Betrag zurückzahlen, so gut läuft das Geschäft. Wissend um seinen Coup, meldet Walter Düring 1964 sein erstes Patent an. In den Folgejahren sollen noch elf weitere dazukommen. »Ich bin ein Überzeugungstäter. Wenn ich an etwas glaube, werden Kräfte frei«, erklärt Düring. »Diese Erfindung hat unser Leben verändert. Für damalige Verhältnisse war das Gerät eine Art Revolution! Denn wer will schon gern von Hand die Ränder putzen«, sagt er begeistert.

Seine Konkurrenten haben hingegen wenig Freude an Dürings erster Erfindung. Die bedeutendste Konkurrenzfirma Brewa aus Allschwil (BL) entwickelt ein Gegengerät. Dieses funktioniert zwar nicht, verletzt aber das Patent der Düring AG. Der Erfinder erhebt seine erste Patentklage und gewinnt.

Der Erfinder zeigt vollen Einsatz: WC-Putzen bei 800 Drogisten

Nun packt Walter Düring der Ehrgeiz. Er wünscht sich, irgendwann einmal im Besitz einer international bekannten Marke zu sein. Um einen Durchbruch zu erzielen, braucht Düring den Erfolg in den Haushalten. Der 32-Jährige konstruiert den WC-Enten-Vorläufer »Durgol WC«, eine 500-Milliliter-Entkalker-Flasche, an die ein Schaumgummi-Putzteil angeschraubt werden kann. Das erleichtert das Putzen unter dem Rand. Auf diese zweite Erfindung meldet Düring 1967 sein zweites Patent an.

Doch Düring kennt die Tücken seines Produkts: Erfolg wird er nur haben, wenn er die Wirksamkeit seiner Erfindung in einer echten WC-Demonstration beweist. Das schreckt ihn nicht ab, sondern spornt ihn an. Für den Erfolg seines Produkts gibt er alles: Über 800 verschmutzte Toiletten von Drogerien reinigt er bei seinen Vertreterbesuchen zu Vorführzwecken. Die WC-Reinigungen ähneln einer Grusel-Show, erzählt der Erfinder nicht ohne Stolz: »Unter dem Rand löste ich solche Dreckklumpen und braune Sauce weg, dass manchmal ein richtiger Schock durch die Zuschauer ging. Ich hörte Schreie und Stöhnen. Manche liefen davon, weil ihnen schlecht wurde.« Aber die Vorführungen sind laut Düring nie fruchtlos. Fast alle Drogisten bestellen sofort und empfehlen das Produkt ihren Kunden.

1967 erhält der Tüftler eine Einladung der Brüsseler Erfindermesse und gewinnt mit »Durgol WC« eine Goldmedaille. Jetzt kommt der internationale Durchbruch, ist sich Düring sicher. Doch die Messe ist eine Enttäuschung. Walter Düring hofft auf zahlreiche ausländische Lizenznehmer, findet jedoch nur zwei Partner. Die Lizenzverträge für Belgien und Deutschland sind von kurzer Dauer. Das Produkt »Durgol WC« wird bald wieder aus den Regalen genommen. Das schnelle Scheitern im Ausland sei die Folge der fehlenden Bereitschaft der Partner gewesen, den Handel und potenzielle Kunden mit Putz-Vorführungen zu überzeugen, sagt Düring.

Seine Ernüchterung ist groß. In ganz Europa sind WC-Schüsseln mit einem Spülrand verbreitet. Auf dem ganzen Kontinent sammelt sich unter diesen Rändern Kalk und Dreck an. Das Marktpotenzial ist riesig und der Erfolg in der Schweiz vorhanden. Düring bleibt vorerst jedoch nur der Schweizer Markt: Als Einmann-Betrieb setzt er auf Mund-zu-Mund-Propaganda und fährt an einige Publikumsmessen. Dort putzt er vor großem Publikum stundenlang seine aufgeschnittene Vorführ-Toilettenschüssel und verkauft große Mengen »Durgol WC«.

Vom großen Defizit zum Heureka

Düring hat in der Schweiz enormen Erfolg. Anfang der 1970er-Jahre haben seine Durgol-Entkalker im Drogeriehandel einen Marktanteil von über 70 Prozent. Doch die Drogerien verlieren immer mehr Kunden an Detailhändler wie Migros und Coop. Trotz des steigenden Marktanteils in den Drogerien, setzt die Düring AG deshalb immer weniger um. Im Jahr 1979 muss das Kleinunternehmen einen Verlust von 133'000 Franken verbuchen. Düring überlegt, die Firma zu verkaufen.

Doch noch gibt Walter Düring nicht auf. Er sucht nach einem neuen Flaschendesign, mit dem man auch dann unter den WC-Rand spritzen kann, wenn die Flasche fast leer ist. Viele Zeichnungen dazu stapeln sich in seinem Büro. Im Juli 1980, wenige Tage vor seinem 45. Geburtstag, kommt das Heureka. »Ich saß am Schreibtisch, sah mir meine Skizzen an und plötzlich machte es Klick. Ich hatte die technische Lösung gefunden. Sie sah aus wie ein Entenhals.« Düring geht sofort zu seiner Frau ins Labor und sagt: »Jetzt habe ich eine Erfindung gemacht, mit der wir weltweit Erfolg haben können!«

Nach dem Durchbruch an jenem Julitag 1980 geht Düring mit Vollgas an die Arbeit. Bis zur Markteinführung sollte nur ein Jahr vergehen. Als Erstes schnitzt er ein Holzmodell in der Form einer WC-Ente. Damit geht er in ein Sanitärartikelgeschäft und probiert aus, wie gut oder schlecht es in die verschiedenen WC-Schüsseln passt. Es folgen Änderungen, damit die Flasche auch in deutschen Kloschüsseln unter den Rand kommt. Danach bestellt Düring Blasformen und Spritzgusswerkzeuge und baut ohne Mechaniker die erste WC-Ente-Abfüllanlage zusammen. Die Entwicklung des Prototyps bereitet viele Probleme. »Manchmal waren meine Hände so lange in der verspritzten Säure, dass die Haut sich später abschälte«, erinnert er sich.

Noch bevor die WC-Ente marktreif ist, schaut ein Produkte-Broker bei der Kleinfirma vorbei. Der Vertreter ist auf der Suche nach Schweizer Produkten, die man exportieren oder unter Lizenz im Ausland herstellen kann. Dürings Konzept überzeugt ihn. Doch der Broker glaubt nicht, dass das Produkt unter dem Namen »WC-Ente« Erfolg haben wird. Düring lässt sich trotzdem nicht davon abbringen. Der Firmengrafiker kreiert eine Etikette mit einer Ente drauf. Und der Erfinder lässt sein drittes Patent eintragen.

Doch dieses Mal meldet Düring nicht nur ein Patent für die Schweiz an, sondern auch eines in 17 weiteren Ländern. Das geht ins Geld. Seine knappen Mittel macht er jedoch mit Entschlossenheit wett. »Es gibt immer 10 Mal mehr Gründe, etwas nicht zu machen, als es durchzuziehen. Ist man unentschlossen, hat man schon verloren«, sagt er heute. Doch die ersten Jahre sind schwer. Zu den finanziellen Problemen kommen anspruchsvolle Aufgaben hinzu: Düring verhandelt mit ausländischen Firmen auf Englisch, bereitet internationale Lizenzverträge vor oder muss sich um Einsprachen gegen Patentanmeldungen kümmern. Und hat der Tüftler potenzielle Geschäftspartner im Büro, kann es vorkommen, dass er in die Produktion gerufen wird, weil die Abfüllanlage stillsteht.

In der Schweiz erfolgt 1981 die Markteinführung. Anfänglich kann sein Kleinunternehmen nur geringe Stückzahlen herstellen. Doch potenzielle Lizenznehmer fordern für einen Testmarkt bis zu 150'000 Flaschen. Düring verbessert deshalb seine selbstkonstruierte Maschine und erhöht deren Produktionskapazität. Weitere Maschinen verkauft er später an seine Lizenznehmer.

Auf dem Heimmarkt läuft es wie geschmiert. Die Düring AG beliefert neben den Drogerien auch die Detailhändler. Coop sperrt sich zwar mehrere Jahre lang gegen eine Aufnahme der WC-Ente ins Sortiment und die Migros verkauft nur Eigenmarken. Ein selbstgemachter TV-Spot macht die WC-Ente dennoch rasch bekannt. Düring schreibt das Storybord selbst und führt Regie. Die Handlung: Die Hand seiner Frau spritzt mit der WC-Ente unter den Rand einer aufgeschnittenen WC-Schüssel. Mit nur zehn Ausstrahlungen dieses Fünfzehnsekundenspots wird die WC-Ente im ersten Jahr zum Marktführer in der Schweiz.

Export-Durchbruch in Australien

Der Erfolg macht Mut, und Düring wagt sich alleine nach Österreich vor – ohne Werbemaßnahmen. Doch die Eroberung anderer europäischer Märkte ist ihm eine Nummer zu groß. Für ihn ist klar, dass er mindestens einen starken Partner braucht, der auch Millionen für Werbespots zur Produktlancierung ausgeben kann. »Es wäre der größte Fehler gewesen, wenn ich allein die ganze Welt hätte erobern wollen.«

Schließlich findet 1983 der erhoffte Deal mit einem großen ausländischen Partner doch noch statt – am anderen Ende der Welt: Der erwähnte Produkte-Broker fliegt Ende 1982 auf Geschäftsreise nach Neuseeland. Mit im Gepäck sind einige Flaschen WC-Ente. Bei einer Fabrikeinweihung der Haushaltswaren-Firma SC Johnson trifft der Broker den Johnson-Länderchef für Australien und Neuseeland. Der Schweizer Broker führt dem Australier die WC-Ente vor. Und der ehemalige Manager einer Reinigungsmittelfirma beißt an. Ohne Rücksprache mit der amerikanischen Johnson-Konzernzentrale bestellt Potter einige hundert Flaschen WC-Ente und verkauft diese in den Supermärkten der ostaustralischen Stadt Newcastle. Der Testmarkt ist so erfolgreich, dass Potter die

WC-Ente gleich im gesamten australischen Markt einführt. Die Rapporte über den WC-Enten-Erfolg in Australien lassen die Muttergesellschaft hellhörig werden. Der weltweit agierende Familienkonzern SC Johnson schickt einen Anwalt nach Dällikon ZH. Der US-Amerikaner versucht, den Erfinder Düring mit einem unvorteilhaften Vertrag abzuspeisen. Doch das funktioniert nicht. Nach etlichen Verhandlungsrunden wird man sich im Dezember 1983 einig.

Düring und SC Johnson unterzeichnen einen weltweiten Lizenzvertrag. Dieser berechtigt zur Herstellung und Vermarktung der WC-Ente und gewährt dem Lizenznehmer weitere Freiheiten. Düring kann die Volllizenz nur einseitig kündigen, wenn der Lizenznehmer nach zwei Jahren weniger absetzt, als der Vertrag verlangt. Die Schwelle sei jedoch sehr tief gewesen, sagt der WC-Enten-Erfinder. Dadurch erhält sein Partner einen Anreiz, kräftig in den Markenaufbau zu investieren. Für Deutschland, Belgien, Italien und Portugal löst SC Johnson keine Lizenz. Die lokalen Johnson-Manager finden, die WC-Ente würde in diesen Märkten nicht erfolgreich sein. Sie täuschen sich: Die Lizenzen gehen an drei andere Partner. SC Johnson muss diese später teuer zurückkaufen.

Die großzügige Vertragsausgestaltung hat den gewünschten Effekt: Der WC-Enten-Erfinder erobert mit seinem finanzkräftigen Hauptpartner SC Johnson den Weltmarkt. Am Ende steht die WC-Ente in 137 Ländern in den Verkaufsregalen. Dieser weltweite Exporterfolg sei zu mehr als 50 Prozent dem Namen »Ente« zu verdanken, ist Düring heute überzeugt.

Mit Anwälten gegen Nachahmer

Firmen, die das Patent verletzen, zerrt die Düring AG in der Schweiz wie im Ausland vor Gericht. Als sich etwa der Ostblock öffnet, kopieren findige Putzmittelhersteller in Tschechien, Polen und Ungarn die WC-Ente. Düring lässt in diesen Ländern seine Markenrechte eintragen. Die Prozesse gegen die osteuropäischen Kopierer gewinnt er schlussendlich alle.

Einzelne Vertragspartner versuchen zudem, die vertraglich schwache Position der Düring AG auszunutzen. Der abgerechnete Lizenzbetrag stimmt nicht immer mit dem tatsächlich realisierten WC-Enten-Umsatz überein. Die Firma bemerkt die Differenzen und wehrt sich. »Vertrauen zwischen Geschäftspartnern, so wie es in der Schweiz üblich ist, darf man im Ausland nicht voraussetzen«, lautet Dürings Fazit.

Im Jahr 2000 läuft der Patentschutz auf die WC-Ente aus, ein Designschutz läuft indes unbegrenzt weiter. Im selben Jahr übergibt Walter Düring die Firmenleitung seinen drei Kindern Heinz, Sven und Britta. Später schenken er und seine Frau den drei Nachfolgern alle Aktien. Die Düring AG bleibt noch acht Jahre im Besitz der WC-Ente-Markenrechte. Am 4. Dezember 2008 verkauft das Familienunternehmen alle weltweiten Rechte an SC Johnson. Insgesamt wechseln 420 registrierte Marken den Besitzer. Seither konzentriert sich die Düring AG auf Durgol-Entkalkungsmittel.

Esge: Ein Mixer für Millionen

Die Geschichte der Esge AG ist eine Geschichte des Exports. Mit dem Stabmixer Bamix hat das thurgauische Unternehmen einen Welterfolg gelandet, hat Millionen Exemplare in über vierzig Ländern verkauft – und ist dem Produkt auf ungewöhnliche Art treu geblieben.

Am Firmensitz der Esge AG verschmelzen zwei Welten miteinander. Auf der einen Seite das rote, moderne Bürogebäude, die Zukunft der Firma. Auf der anderen Seite, gleich angrenzend, das hundertjährige Hauptgebäude, Produktionsstätte und Sitz der Geschäftsführung – ein antikes Stück Schweizer Wirtschaftsgeschichte. Seit 1960 werden hier im thurgauischen Mettlen die Stabmixer der Marke Bamix hergestellt. Das Produkt also, das in gut vierzig Ländern verkauft wird. Das einzige, das der Firma Erfolg beschert hat.

Es ist der 6. März 1950, als Roger Perrinjaquet in Lausanne seinen »appareil ménager portatif«, ein tragbares Haushaltsgerät, zur Patentierung anmeldet. Die Benutzung des stabähnlichen Geräts sei sehr einfach, schreibt der Tüftler im Erfindungspatent. Man müsse es nur an den Strom anschließen, in ein Gefäß mit verschiedenen Zutaten stellen und dann per Knopfdruck zum Laufen bringen. Mischen könne man damit, kneten, pürieren, aber auch Schönheitsprodukte emulgieren. Perrinjaquet nennt seine Erfindung Bamix – eine Mischung aus »battre« für schlagen und »mixer« für mixen. Der erste Stabmixer der Welt ist geboren.

Was Roger Perrinjaquet zu diesem Zeitpunkt nicht weiß: Er hat den Grundstein für eine der außergewöhnlichsten Erfolgsgeschichten der Schweizer Exportwirtschaft gelegt. Und: Er selbst wird darin nur am Rande vorkommen.

Ein Verlust für die Schweiz

Über Roger Perrinjaquet, den Tüftler aus der Romandie, ist nur wenig bekannt. Aus der Firmengeschichte verschwindet er bereits 1954, nur ein Jahr nachdem das Bundesamt für Geistiges Eigentum sein Patent publiziert hat. Perrinjaquet verkauft seine Idee an das deutsche Unternehmen Esge und wendet sich anderen Projekten zu. 1959 etwa lässt er eine Nähmaschine patentieren – der Bamix ist da schon zum Verkaufsschlager avanciert. Im deutschen Neuffen haben die beiden Unternehmer Josef Gschwend und Werner Spingler den ersten Stabmixer produziert und ihn an der Industriemesse 1955 in Hannover präsentiert. Bei der Kundschaft schlägt der Bamix sofort ein, innert kürzester Zeit steigt die Mitarbeiterzahl der Esge von 7 auf 74, der Umsatz beträgt bereits 1,5 Millionen Mark.

Ende der 1950er-Jahre steigt die Firma erstmals ins Exportgeschäft ein. Über die Bodart AG, die in den Benelux-Ländern Küchenutensilien vertreibt, schafft man den Sprung nach Holland, später auch nach Belgien und Luxemburg. Das dominierende Marketing-Instrument zu dieser Zeit sind die Livepräsentationen des Stabmixers an den großen Messen. Erstaunliche 834 Stück verkaufen Mitarbeitende der Firma Bodart an einer Konsummesse in Stockholm, 1332 sind es in Oslo. Spätestens jetzt ist klar, dass auch hier das Marktpotenzial vorhanden ist – Walter Bodart, Chef der Bodart AG, gründet in der Folge Vertretungen in allen skandinavischen Ländern.

Expansion und Rückschlag

Die Vorwärtsstrategie im Auslandgeschäft wird auch in den folgenden Jahren aufrechterhalten. Nach der erfolgreichen Expansion nach Großbritannien, Finnland, Österreich, Portugal und Irland benötigt die Firma mehr Produktionskapazitäten und gründet 1960 die Produktionsfirma Esge France in Frankreich. Nur ein Jahr später erwerben Gschwend und Spingler im thurgauischen Mettlen eine 1906 erbaute, ehemalige Textilfabrik und gründen hier ihre zweite Tochtergesellschaft: die Esge AG. Bald werden in der Schweiz 250 Bamix pro Tag hergestellt – größtenteils in Handarbeit.

Über eine Million Stabmixer verkauft die Firma im ersten Jahrzehnt ihres Bestehens. Es ist eine fantastisch hohe Zahl, aber auch eine Herausforderung für das Unternehmen. Die Verantwortlichen treffen erste Fehlentscheidungen, die Esge gerät ins Schlittern. Zusätzliche Haushaltsgeräte wie Handstaubsauger, Zitruspressen, Toaster, Aufschnittmaschinen oder Haartrockner werden ins

Sortiment aufgenommen, erreichen aber nicht annähernd die Verkaufszahlen des Stabmixers. Die Verwaltungs- und Verkaufskosten steigen durch die rasche Expansion rasch an – zu allem Unglück bricht auch noch der Umsatz des Bamix in Deutschland ein. Die Gründer Gschwend und Spingler geraten in eine finanzielle Schieflage und entscheiden sich zum Verkauf. Zehn Jahre nachdem Roger Perrinjaquet seine Bamix-Idee an die Esge verkauft hat, geht das Schweizer Exportwunder an den US-amerikanischen Konzern General Electric über.

Retter aus den Niederlanden

Die Amerikaner wollen das Firmenkonglomerat sanieren, schließen bis auf Mettlen und das deutsche Neuffen alle Produktionsstandorte und bringen die Umsätze ab 1967 wieder zum Steigen. Dennoch entwickeln sich die Zahlen schlechter als von General Electric erhofft, die Esge passt zudem nie richtig zur Firmenkultur des Großkonzerns. So ist es für alle Beteiligten eine glückliche Lösung, als Walter Bodart, mit seiner Bodart AG wichtigster Abnehmer der Stabmixer, die Produktionsfirma in der Schweiz mitsamt allen Rechten übernimmt. Mettlen wird zum alleinigen Produktionsstandort und zum Hauptsitz der Esge AG – Perrinjaquets Idee kehrt auf verworrenem Wege in die Heimat zurück.

Anders als seine Vorgänger setzt Walter Bodart wieder auf Qualität statt Quantität. Mit seinem Entscheid, nur noch ein einziges Produkt herzustellen, dieses dafür aus besten Komponenten und im teuren Produktionsland Schweiz, stellt er die Weichen für die Zukunft des Unternehmens. Der Bamix macht sich ein zweites Mal daran, die Welt zu erobern.

Flucht nach Übersee

Weil die Umsätze in der Rezession schrumpfen, knüpft die Esge AG Anfang der 1970er-Jahre erstmals Kontakte nach Übersee. In Südafrika findet man einen Vertreter, der die Produkte in den Markt einführt und bald gute Umsätze erwirtschaftet. Den nächsten großen Schritt aber schafft das Unternehmen wieder mit der altbewährten Methode: In Melbourne wird der Bamix erstmals außerhalb von Europa an einer Messe präsentiert. Wie in den guten alten Zeiten ist das Interesse riesig, der Erfolg durchschlagend. Es folgen kleinere Märkte wie Island,

Singapur, Malta, Zypern, Griechenland oder Malaysia, zudem fasst die Firma erstmals auch in den USA Fuß. Dank eines neuen Partners in Deutschland kann die Präsenz an den dortigen Messen wieder ausgebaut und der Absatz gesteigert werden. 1978 werden an der Amsterdamer Messe 3000 Stück des Bamix verkauft – ein Rekord, der seither nie mehr erreicht wurde.

Wie stark der Erfolg in den jeweiligen Ländern immer auch mit der Vertretung vor Ort zu tun hat, zeigt das Beispiel Japan auf eindrückliche Weise. Die Familie Ide kauft den Bamix Anfang der 1980er-Jahre beim damaligen Vertreter in Japan und verliebt sich sogleich in das neuartige Küchengerät. Frau Sakurako Ide ist dermaßen vom Produkt überzeugt, dass sie aus Eigeninitiative Kochpartys organisiert, um den Bamix einem größeren Publikum näherzubringen. Der Aufwand wird belohnt, nach kurzer Zeit erhält die Familie die alleinige Vertretung im Markt. Es beginnt eine Erfolgsgeschichte, die bis heute anhält.

Familie ohne Familienbetrieb

Aufgrund des Erfolgs im Ausland wird die Fabrik in Mettlen 1980 ausgebaut und die Produktion auf 1600 Stück pro Tag erhöht. Sechs Jahre später verkauft Walter Bodart die Esge AG im Rahmen eines Management-Buyouts an die Mitarbeitenden Valentin Gunsch, Werner Stahl und Max Rüttimann. Die Kontinuität des Geschäftsmodells und das Bekenntnis zum Standort Schweiz werden gleichermaßen gesichert. Es ist dieselbe Vorgehensweise, die 2002 zum Tragen kommt, als die Firma an die Herren Hans Jud und Erich Eigenmann übergeht: Die Esge AG, die nie ein Familienunternehmen gewesen ist, verhält sich wie eine große Familie – mit viel Verantwortungsbewusstsein und nachhaltigem Denken.

So ist die Firma heute eine Kuriosität in der Schweizer Wirtschaftswelt: Sie setzt auf ein einziges Produkt und sie produziert trotz hoher Kosten auch heute noch in Mettlen. »Was man früher richtig gemacht hat, haben wir übernommen und verbessert«, sagt Eigenmann. »Wir hatten nie das Gefühl, alles anders machen zu müssen.« So will die Esge AG auch in Zukunft nur ein Produkt anbieten – eines aber, das seit seiner Erfindung immer wieder verändert und verbessert wurde. Und eines, das heute mit unterschiedlichen Spezifikationen, in verschiedenen

Farben und Verpackungen daherkommt. Eine Konzession, die auch mit den Bedürfnissen der Auslandmärkte zu tun hat.

Distributor als Erfolgsgarantie

Als Erich Eigenmann 2002 die Leitung der Firma übernimmt, ist sie in rund zwanzig Ländern aktiv – heute sind es gut doppelt so viele. »Mit dem Export verhindern wir, dass ein allzu großes Klumpenrisiko in einem Land entsteht«, sagt der Geschäftsführer. Und natürlich: Man will zusätzliches Volumen generieren. Erstes Ziel sei es dabei nicht, möglichst viele Länder abzudecken, sondern die Durchdringung der einzelnen Märkte zu verbessern. »Wir müssen dort investieren, wo wir uns bereits einen Namen gemacht haben.«

Der Eintritt in einen neuen Markt läuft bei der Esge AG meist über Fachmessen, an denen sich das Unternehmen potenziellen Kunden und Partnern präsentiert. Interessiert sich ein ausländischer Vertreter für den Bamix, wird das Unternehmen analysiert und auf die wichtigsten Kriterien geprüft. »Wir wollen genau wissen, mit wem wir es zu tun haben«, sagt CEO Eigenmann. »Unsere Partner müssen das Produkt verstehen, sie müssen davon überzeugt sein und zudem im richtigen Segment operieren.« Eine ausgiebige Analyse lohne sich immer. Viel schlimmer, als etwas Zeit zu verlieren, sei es, dem falschen Partner Exklusivität zu gewähren und somit ganze Märkte zu blockieren.

Für gewöhnlich arbeitet die Esge AG mit nur einem Distributor pro Land zusammen. Je nach Marktsituation aber bietet es sich an, auf mehrere Vertreter zu setzen, die verschiedene Verkaufskanäle bedienen. »Ein Retailer versteht nicht unbedingt viel von Messen oder E-Commerce«, sagt Eigenmann. »Wieso sollten wir ihm also drei Kanäle geben?« Ganz egal aber, wie ein Partner die Produkte verkauft, ohne Schulungen durch die Esge AG funktioniert nichts. Das liegt nach Ansicht des Geschäftsführers daran, dass der Bamix ein eher vorführungsbedürftiges Produkt ist. Gerade in neuen Märkten setze man daher stark auf den Direktverkauf, in dessen Rahmen dem Kunden die Funktionen und Vorzüge des Produkts erklärt werden können. Über Homepartys, Messen oder TV könne man sehr effizient verkaufen – wenn auch nicht in allen Ländern gleichermaßen.

»Unbeschränktes Potenzial«

Heute produziert die Esge AG in Mettlen mit 40 Mitarbeitenden bis zu 400'000 Geräte im Jahr. Den Motor der Küchenmaschinen fertigt das Unternehmen selbst an, und auch sonst setzt es überwiegend auf Schweizer Komponenten. »Wir sind auf extrem hohe Präzision angewiesen«, sagt Erich Eigenmann. Diese würde durch die inländischen Produzenten garantiert, zudem könne man so die Lieferwege und Kommunikationskanäle kurz halten. Wenig verwunderlich ist es daher, dass die Swissness bei den Marketing-Überlegungen der Esge AG eine zentrale Rolle spielt. »Einen Japaner, einen Chinesen oder einen Russen hätten wir in diesem Preissegment nie als Kunden, wenn wir im Osten produzieren würden«, ist Eigenmann überzeugt. »Die kommen zu uns, weil wir echte Schweizer Produkte anbieten. Weil wir mit unserem Namen für Qualität und Vertrauen stehen.«

Dennoch reicht es längstens nicht mehr, ein gutes Produkt anzubieten und auf die Herkunft zu verweisen. Unabhängig von den Wechselkursschwankungen optimiert die Esge AG stetig ihre Produktionsprozesse und investiert immer mehr ins Marketing und in die Auslandmärkte. »Wir wollen wachsen, das ist das Ziel«, sagt Erich Eigenmann. Dazu müsse man die eigene Marke ausbauen, was wiederum nur in Zusammenarbeit mit den ausländischen Distributoren möglich sei. Die Esge AG investiert daher in ihre Partner, spricht auch mal eine finanzielle Starthilfe, und geht auf die Bedürfnisse der einzelnen Länder ein. So werden etwa einige Farben exklusiv für den japanischen Markt produziert, Spezialverpackungen für den Bamix stellt das Unternehmen schon ab einigen tausend Bestellungen an. So wird besonders deutlich, wie ein lokal verankertes Unternehmen in einem globalen Markt operieren kann: »Als Kleinbetrieb können wir auf individuelle Wünsche unserer Kunden eingehen«, sagt Eigenmann. »Und solange wir die richtigen Partner finden, ist unser Potenzial im Ausland fast unbeschränkt.«

Felchlin: Klein, süß, Weltklasse

Die Schokolade der Max Felchlin AG ist so gut, dass sich japanische Confiseure für ihren Erhalt einsetzen. Das Geheimrezept des Schwyzer Süßigkeiten-Herstellers: Viel Qualität, gute Beziehungen ins Ausland und ein großer Schuss Tradition.

Zwischen Schwyz und Seewen liegt die Villa Liebwylen, umgeben von einem malerischen Park und einer Aura der Tradition. »Der Geist, aus dem wir handeln, ist das Höchste«, wird Goethe am Eingang des Firmensitzes zitiert, mit Mittelmaß gibt sich die Max Felchlin AG wahrlich nicht zufrieden. Seit über hundert Jahren beliefert sie Konditoreien und Bäckereien mit Halbfertigprodukten, seit fünfzig Jahren begeistert sie das In- und Ausland mit Schweizer Edelschokolade. Entwickelt hat sich das Unternehmen stets in kleinen Schritten, die Qualität der Produkte war wichtiger als die Quantität. Das ist eine gesunde Wachstumsstrategie, aber auch ein Vorgehen, das aus der Not heraus entstanden ist – nur so konnte das Traditionsunternehmen aus der Innerschweiz im Schokoladen-Business überleben.

Honig aus der Not

Es ist Anfang des 20. Jahrhunderts, als Max Felchlins Eltern ihre Kirsch-Destillerie seinem älteren Bruder Nazar übergeben. Max muss sich ein anderes Betätigungsfeld suchen, der gelernte Kaufmann ist bereits weit gereist, hat unter anderem Kuba besucht und dort die Honigproduktion bewundert. Er findet: Das könnte man auch in der Schweiz verkaufen. So beginnt der junge Mann 1908 mit dem Import, gründet die Max Felchlin AG, sucht Abnehmer und verkauft sein Produkt an professionelle Verbraucher – an Bäckereien und Konditoreien zum Süßen ihrer Produkte. Das Geschäft läuft. Es ist der Zugang zu einer Kundschaft, die noch heute besteht.

Bald schon erweitert Max Felchlin sein Sortiment um Backpulver, Kakao, Kuvertüre und Kakaobutter. Erstmals verkauft die Firma auch Schokolade – noch aber wird alles extern eingekauft. Als im Ersten Weltkrieg die Not zunimmt und der Honigpreis in die Höhe schnellt, muss Felchlin erfinderisch werden. Um seine Kunden zufriedenzustellen, beginnt er mit der Produktion eines eigenen Backkunsthonigs – das erste selbst hergestellte Produkt der Firma entsteht. Max Felchlin kommt auf den Geschmack. Als er von Schweizer Schokolade-Herstellern immer wieder hört, dass diese keinen Zwischenhändler bräuchten, dass sie ihre Produkte direkt an den Endkunden bringen wollen, reagiert er mit Angriff. Er beginnt mit der Produktion eigener Schokoladen Felcor, Ambra, Edelweiss – die Sorten kommen bei den Fachleuten gut an.

Die Chancen packen

1962 übernimmt Max Felchlin junior die Firma von seinem Vater. Er nutzt seine Erfahrung als Unternehmensberater in amerikanischen Firmen, um Verkauf sowie Marketing zu optimieren, und investiert in die interne Weiterbildung. Zusammen mit seiner Frau Suzanne reist er um die Welt, entdeckt neue Länder, eignet sich so ein Interesse für fremde Kulturen an, das die Entwicklung der Firma prägen wird. 1972, kurz nachdem die beiden von einem längeren Aufenthalt in Japan zurückgekehrt sind, kommt ein Vertreter der Siber Hegner Holding auf Felchlin zu.

Das Schweizer Handelshaus hat bereits früh nach der Öffnung Japans Kontakte geknüpft und ist nun auf der Suche nach einem Lieferanten für Edelschokolade.

Max Felchlin junior erkennt die Chance, sagt zu und macht so den ersten Schritt ins Exportgeschäft. Er gründet sogenannte Felchlin-Kais, exklusive Clubs für japanische Konditoren, die das Schweizer Produkt kaufen und weiterverarbeiten. Weil Schokolade im Land zu dieser Zeit noch kaum bekannt ist, schickt Felchlin einen Fachmann nach Japan, organisiert Schulungen und exportiert neben den Produkten auch gleich das Handwerk der Pralinenherstellung. Es ist eine klassische Win-win-Situation: Die lokalen Konditoreien können exklusive Produkte anbieten, die es auf dem Markt bislang nicht gegeben hat. Und Felchlin baut sich eine treue Stammkundschaft auf, vom Importeur über die Konditoreien bis zum Endkunden. Noch heute ist Japan einer der wichtigsten Felchlin-Märkte – ohne die japanische Kundschaft wäre die Schwyzer Firma heute eine andere. Doch dazu später.

Netzwerk in die USA

Als zweites Exportland visiert Felchlin die USA an. Es ist eine Zeit, in der viele gut ausgebildeten Confiseure und Patissiers aus der Schweiz im Ausland anheuern und dort Stellen in teuren Hotels oder exklusiven Restaurants besetzen. Weil die Verwendung der richtigen Schokolade für sie eine Art Religion ist, weil einige von ihnen unbedingt mit Felchlin-Produkte arbeiten wollen, entsteht eine Nachfrage und damit ein neuer Markt. In den USA entdeckt ein gewisser Hans Baumann dieses Potenzial und beginnt mit dem Import von Schweizer Produkten. Wieder packt Felchlin die Chance und fasst in Nordamerika Fuß. Das opportunistische Vorgehen, dieses Reagieren auf sich anbahnende Möglichkeiten, ist symptomatisch für das Exportgeschäft dieser Zeit.

1990 übergibt der Patron die Leitung der Firma an Christian Aschwanden, den ersten Geschäftsführer, der nicht der Familie entstammt. Während Jahren hat sich Felchlin mit der Nachfolgeregelung auseinandergesetzt, hat sich schließlich für ein Konstrukt entschieden, das der Firma größtmögliche Unabhängigkeit garantiert. Indem er die Stimmenmehrheit dem zu diesem Zweck gegründeten Verein zur Förderung der Wirtschaft und des Kulturschaffens überlässt, sorgt er dafür, dass die Firma nicht verkauft wird, solange sie nicht unbedingt verkauft werden muss.

Mutige Neuausrichtung

Christian Aschwanden kommt so einerseits in die komfortable Lage, dass ein plötzlicher Verkauf der Firma unwahrscheinlich ist und er auf längere Sicht planen kann. Andererseits stellt der gelernte Lebensmittelingenieur fest, dass in den Jahren vor der Übergabe nur noch wenig Geld in die Produktion investiert worden ist. So stehen die Verantwortlichen erneut vor überlebenswichtigen Entscheiden: Wie soll diese Firma, deren Produktion veraltet ist und die nicht annähernd die Mengen der Konkurrenz herstellen kann, künftig Geld verdienen? Aschwanden und sein Team entscheiden sich für eine gewagte Strategie: Entgegen dem Mainstream setzen sie voll auf Edelbohnen aus Südamerika, kaufen die teuersten und besten Rohstoffe ein und produzieren so ihre erste Grand-Cru-Kuvertüre – Schweizer Edelschokolade zur Weiterverarbeitung.

Das Produkt kommt bei den Fachleuten gut an, der Umsatz steigt. So schafft sich Felchlin nicht nur selbst eine Nische, sondern hilft auch der eigenen Kundschaft, den Confiseure, Chocolatiers und Patissiers, sich vom günstigeren Massenmarkt abzuheben. »Von da an wussten wir, in welche Richtung wir uns entwickeln müssen«, sagt Christian Aschwanden im Rückblick. »Wir mussten uns spezialisieren. Nur Standard zu produzieren reichte nicht mehr.«

Flucht in neue Märkte

Parallel zur Neuausrichtung des Sortiments findet in den 1990er-Jahren eine Strategieänderung im Exportgeschäft statt. Aschwanden und seine Leute realisieren, dass die Firma zu stark von den großen Märkten USA und Japan abhängig ist – um das Klumpenrisiko zu vermindern, will man sich breiter abstützen. Neben der Schokolade stellt Felchlin auch Back-, Mandel- und Haselnussmasse sowie Birnenweggenfüllung und Caramel her. Wegen ihrer geringen Haltbarkeit aber eignen sich diese Produkte nur schlecht für den Export. Die Felchlin-Kunden wollen Frische, Qualität und Exklusivität – Eigenschaften, die sich teuer verkaufen und gut zelebrieren lassen. Eigenschaften, die in erster Linie auf die Schokolade zutreffen.

So erschließt die Max Felchlin in den folgenden Jahren neue Märkte, vermindert die Abhängigkeit von den USA und Japan und baut sich vor allem in Asien und im Nahen Osten eine starke Position auf. In über 40 Ländern ist die Firma heute präsent – dem Produkt entsprechend vor allem in großen Städten, wo eine Kundschaft lebt, die auch mal dem Luxus frönt.

Vom Image zum Importeur

Auch heute noch hängt bei Felchlin viel vom richtigen Gegenüber, also dem passenden Importeur, ab. »Der richtige Partner ist das A und O im Exportgeschäft«, sagt Geschäftsführer Christian Aschwanden. Ihn zu finden sei keine einfache Angelegenheit. So werden Markteinstiege heute zwar umfassender geplant, Partner werden intensiver durchleuchtet als vor einigen Jahrzehnten, die Inputs für einen Markteinstieg aber kommen noch immer oft on außen. In Malaysia etwa, aber auch in Russland oder Spanien sind interessierte Importeure auf das Unternehmen zugekommen, haben angefragt, ob sie die Produkte verkaufen könnten.

Für den erfolgreichen Export müssen laut Christian Aschwanden drei Voraussetzungen erfüllt sein. Es braucht einen Unternehmer, der ein gutes Geschäft mit dem Import von Fine-Food-Produkten wittert. Es braucht eine Nachfrage von Endkunden, welche die Produkte von höchster Qualität verarbeiten wollen. Und: Es braucht eine Firma, die den Ruf hat, genau diese Produkte liefern zu können. Das ist das System Felchlin. Durch die lange Tradition und die konsequente Ausrichtung auf Qualität hat sich das Unternehmen einen Namen gemacht, der weit über die Grenzen hinaus bekannt ist. »Wir sind zwar klein, aber in der Fachwelt kennt man uns«, sagt Christian Aschwanden. So begegne man etwa an Fachtagungen immer wieder potenziellen Partnern, spreche miteinander und komme ins Geschäft.

Die Welt zu Besuch in Schwyz

Die größte Schwierigkeit im Exportgeschäft ist für die Max Felchlin AG der Umstand, dass ihr Produkt stark erklärungsbedürftig ist. Nicht, dass die Kunden nicht wüssten, was Schokolade ist. Die Felchlin-Schokolade aber, und ganz besonders die Grand-Cru-Reihe, bewegt sich qualitativ und preislich in einem Segment, dessen Hintergrund der Kundschaft erklärt werden muss. Wieso gerade diese Kakaobohnen? Wieso müssen sie so lange bearbeitet werden? Und wieso bedingt das so viel Personal? Allein in der Schweiz beschäftigt Felchlin fünf Mitarbeitende, die solche Fragen beantworten, die Kunden besuchen und den Puls des Marktes spüren. Im Ausland hingegen ist das Unternehmen zu großen Teilen auf Importeure angewiesen, die je nachdem mehrere tausend Produkte im Sortiment haben.

Umso wichtiger ist es daher, dass Felchlin die Partner mit Hilfsmitteln wie Prospekten, Rezeptanleitungen oder Schulungsvideos unterstützt. Zudem setzt das Unternehmen seit Jahrzehnten auf eine ganz persönliche Art der Kommunikation: Zusammen mit ihren besten Endkunden werden die Importeure aus den verschiedenen Ländern nach Schwyz eingeladen, wo sie die Produktion besichtigen und im hauseigenen Schulungszentrum weitergebildet werden. Die einen können hier vorgegebene Rezepte ausprobieren, die Top-Leute erhalten gar die Möglichkeit, eigene Schokoladen kreieren. »Wir versuchen unsere Kunden sehr nahe an das Produkt heranzuholen«, sagt Christian Aschwanden. So könne man sich von anderen Anbietern abheben und einen persönlichen Bezug herstellen. Das, so ist der Geschäftsführer überzeugt, entscheidet nicht selten über Erfolg oder Misserfolg.

Der Aufbau des positiven Images der Schweizer Schokolade im Allgemeinen und der Firma Felchlin im Speziellen hat Jahrzehnte gedauert. Insbesondere in Asien kenne man die Schweiz noch immer als schöne, heile Welt mit Bergen, guter Milch und sauberer Luft, sagt Aschwanden. Der Fachkunde aber betrachte das Produkt sachlicher, für ihn würden technischere Aspekte wie die Rohstoffe, die Verarbeitung oder die Konsistenz im Zentrum stehen. »Und genau hier, bei der Präzision, können wir als Schweizer Firma punkten.«

Tradition als Verpflichtung

Wie gut Tradition und Qualität bei der ausländischen Kundschaft ankommen, zeigt eine Episode aus der Firmengeschichte. Nicht lange nachdem Christian Aschwanden zum neuen Geschäftsführer ernannt worden war, erhielt er Besuch von einer Delegation aus Japan. Die treuen Kunden zeigten sich besorgt darüber, dass der neue Chef die alten Längsreiber-Conchen, die der Schokoladenmasse rührend Feuchtigkeit entziehen, durch neue Maschinen ersetzen könnte. Das, so befürchteten die Japaner, würde den einmaligen Geschmack der Felchlin-Schokolade zerstören. Also ging Aschwanden auf ihre Bitte ein – auch weil die Firma auf die japanischen Aufträge angewiesen war. Bald schon aber bemerkte man, dass sich mit den alten Maschinen tatsächlich andere Geschmacksprofile generieren lassen, die sich für das Grand-Cru-Sortiment besonders gut eignen. So wurden die Längsreiber-Conchen nicht verschrottet, sondern immer stärker ausgelastet. »Unsere Kunden wollen das Besondere, das Exklusive«, sagt Christian Aschwanden. »Für sie ist nicht entscheidend, wenn das mehr kostet als die Produktion auf einer modernen Maschine.« So kam es also, wie es kommen musste: Weil Felchlin neue Längsreiber braucht und der ursprüngliche Hersteller diese nicht mehr produziert, lässt die Firma ihre Geräte per Laser ausmessen. Mithilfe der digitalisierten Pläne sollen neue Längsreiber entstehen. Mit neuester Technologie werden antike Maschinen erstellt. Für Felchlin kein Widerspruch: Richtig ist, was Qualität verspricht.

Jura: Die Rettung lag im Exportgeschäft

Von der Alleskönnerin im Haushaltbereich zur Weltmarke für Kaffeevollautomaten: Die Firma Jura aus Niederbuchsiten hat einen langen und erfolgreichen Weg hinter sich. Ihre größte Krise aber konnte sie erst mit dem konsequenten Einstieg ins Exportgeschäft überwinden.

In Niederbuchsiten gibt es eine Kaffeeweltstraße – wo sonst, wenn nicht hier? An dieser Straße steht die Juraworld of Coffee, ein großer, moderner Bau mit breiten Fensterfronten, eine Erlebnisausstellung, ein Firmenmuseum, ein Monument der Kaffeekultur. Es ist das neueste Gebäude im kleinen Jura-Dorf an der Autobahn A1 zwischen Härkingen und Oensingen. Ganz in der Nähe stehen die alten Fabrikhallen der Jura Elektroapparate AG, das Hauptgebäude und die große Servicefabrik, wo Kaffeeliebhaber aus der ganzen Schweiz ihre Maschinen zur Reparatur hinbringen. Alles hier ist auf Dienstleistung ausgerichtet, auf die Marke Jura, auf Kaffee und das Erlebnis rundherum. Vor 84 Jahren sah alles noch ganz anders aus.

Anfang der 1930er-Jahre ist Leo Henzirohs noch Tüftler, seine Werkstätte ist das Wohnzimmer. Hat die Mutter mal Gäste, muss der Sohn sein Material wegräumen, keines seiner Produkte hat bis dahin den Weg in den Verkauf geschafft. Das ändert sich mit jenem schicksalhaften Tag, an dem Henzirohs in der Zeitung einen Bericht über einen Fabrikunfall liest. In einem Gebäude in Schönenwerd ist ein Gas-Schuhbügeleisen explodiert, ein Mitarbeiter wurde verletzt. Henzirohs aber interessiert sich weniger für die Tragik des Unfalls als für dessen technischen Hintergrund.

Er kommt zur Überzeugung, dass ein mit Strom betriebenes Bügeleisen solche Unfälle verhindern könnte und macht sich an die Arbeit. Während Wochen arbeitet er an einem Prototyp, dann lädt er das fertige Produkt auf sein Fahrrad und radelt nach Schönenwerd. Dort präsentiert er das Gerät einem verblüfften Firmendirektor. Als sich Henzirohs wieder auf den Heimweg macht, hat er seinen ersten Auftrag in der Tasche: fünfzig Stück elektrische Bügeleisen. Die Firma Jura ist geboren.

Unaufhaltsamer Erfinder

Henzirohs' Erfindergeist bleibt auch für die weitere Entwicklung der 1931 gegründeten Unternehmung prägend. Tauchsieder, Heizgeräte, elektrische Kochplatten – immer wieder entwickelt er neue Haushaltsgeräte, die den Schweizerinnen und Schweizern die Arbeit erleichtern. Das Talent für die Tüftelei nützt dem Firmengründer auch in den Kriegsjahren, die von Materialknappheit geprägt sind: Henzirohs sucht die Umgebung nach metallverarbeitenden Firmen ab, kauft ihre Abschnitte und konstruiert so Produkte aus übrig gebliebenen Materialien. Schon früh steigt er zudem ins Radiogeschäft ein und beweist damit eine gute Nase für gesellschaftliche Trends. Er erkennt das Bedürfnis der Bevölkerung nach Information – bald werden die Radios zum Verkaufsschlager. So füllen immer mehr Produkte das Jura-Sortiment – Luftbefeuchter, Rasierapparate, Kühlschränke –, alles hergestellt in der Schweizer Fabrik. Mitte der 50er-Jahre kommt das erste Jura-Dampfbügeleisen auf den Markt, das ein riesiger Erfolg wird. Über 80 Prozent Marktanteil erreicht die Firma zeitweise. Noch Jahre später gilt Jura als Synonym für Bügeleisen.

Konzentration in der Krise

Ende der 80er-Jahre dann schlittert die Firma in ihre erste große Krise. Der Schweizer Markt, über Jahrzehnte groß genug für das Firmenwachstum, wird allmählich zu klein. Zudem wird Jura von einer Welle ausländischer Mitbewerber überrollt, die in viel größeren Dimensionen zu tieferen Preisen produzieren können. Mit der breiten Produktpalette erreicht das Schweizer Unternehmen nicht mehr die nötige Innovationskadenz. Emanuel Probst, seit 1991 Geschäftsführer, sieht zwei Wege aus der Sackgasse. Einerseits könnte Jura eine Handelsfirma werden, Produkte einkaufen, mit der Marke »Jura« versehen und sie in der Schweiz vertreiben. Oder aber die Firma konzentriert sich auf ihre Kernkompetenz, die jahrelang für Erfolg garantierte: ihre Innovationsfähigkeit.

Probst wählt den zweiten Weg. Er will zurück zu den Wurzeln des Unternehmens, will Produkte neu erfinden und sie in neuen Märkten an die Kundschaft bringen. Um sein Ziel zu erreichen, hält der Geschäftsführer zwei Schritte für unabdingbar: Erstens muss sich die Firma auf ein einziges Geschäftsfeld konzentrieren; auf ein Gerät, das noch am Anfang seiner Entwicklung steht, aber doch großes Potential besitzt. Zweitens muss Jura ins Ausland expandieren, damit die Firma in den nächsten Jahren wachsen und ein größeres Umsatzvolumen generieren kann. »Wenn man Innovation betreibt und nur über die Schweiz amortisieren kann, ist das enorm schwierig«, sagt CEO Emanuel Probst. »Also war es dringend nötig, internationale Märkte zu erschließen.«

Volles Risiko mit Kaffeemaschinen

Nach langen Überlegungen und Konsultationen entscheidet sich Firmenchef Emanuel Probst Anfang der 1990er-Jahre für den Kaffeevollautomaten als neues Jura-Hauptprodukt. Fortan will sich die Firma vor allem darauf konzentrieren, alle anderen Produkte werden nur noch im Rahmen eines kleinen Backup-Sortiments geführt. Es ist eine riskante Strategie, die Probst fährt. Denn zu dieser Zeit sind Vollautomaten mit frischgemahlenem und frischgebrühtem Kaffee der Öffentlichkeit noch fast unbekannt. In Deutschland etwa wird vor allem Filterkaffee getrunken, die entsprechenden Maschinen sind für knapp 80 Mark zu haben. »Dem Getränk haftete noch weitgehend ein Oma-Image an«, erinnert sich Emanuel Probst. »Nur die Schweizer waren damals so wahnsinnig, 1000 Franken für eine gute Kaffeemaschine zu zahlen.« Denn hier haben die vielen Gastarbeiter aus Italien das Kaffee-Bewusstsein importiert. Der Schweizer Markt für Kaffeevollautomaten ist Anfang der 90er-Jahre weltweit der größte.

Doch noch ist die Bekanntheit der Marke Jura im Ausland gering. Vor den 1990er-Jahren macht Jura rund 85 Prozent des Umsatzes in der Schweiz und exportiert lediglich die Überschüsse. Emanuel Probst aber glaubt an seine Vision, er glaubt an den Kaffee als globales Produkt, das überall getrunken wird und weltweit denselben Regeln folgt. Dem Kaffeegeschäft, so folgert der Geschäftsführer, müsse ein immenses Wachstumspotenzial zugrunde liegen.

Erste Export-Erfolge

Aufgrund der geografischen und sprachlichen Nähe wählt die Firma Deutschland als ersten großen Markt im Ausland. Der Einstieg jedoch ist harzig: Jura ist der Zeit voraus, der Kaffee-Trend ist sich im Nachbarland gerade am Entwickeln. Zudem sind früh Innovationsrisiken spürbar – Rückläufe und technische Probleme der 1994 auf den Markt gebrachten Impressa 500 häufen sich. Dennoch hat die Maschine einen zündenden Vorteil: Auf Knopfdruck kann sie verschiedene Kaffeespezialitäten herstellen. So geht die Zeit der Kinderkrankheiten ihrem Ende entgegen und die Revolution im Kaffeevollautomatenmarkt beginnt. Mit der Lancierung der Vollautomaten-Kompaktklasse 1998 warten auf Jura rosige Zeiten.

Einen entscheidenden Beitrag zum Erfolg leistet in den 90ern auch die Kaffeekette Starbucks. Dank den sich rasant vermehrenden Filialen des Unternehmens aus Seattle kommen die Menschen in den USA und Europa auf den Geschmack veredelten Kaffees. »Den Leuten wurde klar: Kaffee ist nicht nur Filterkaffee, nicht nur ein Getränk für alte Leute. Kaffee kann auch hip sein«, sagt Emanuel Probst. Im Windschatten dieser Entwicklung erarbeitet sich Jura im Ausland den Ruf, moderne, qualitativ hochstehende High-Tech-Geräte zu produzieren. »International konnten wir uns vom ersten Tag an als Spezialistin für Vollautomaten präsentieren«, sagt Probst. Nur in der Schweiz haftet dem Unternehmen noch lange das angestaubte Image des Haushaltgeräte-Herstellers an – zu eng ist Jura mit dem Bügeleisen verknüpft.

Alles für den Export

Die Übergangszeit zwischen Alleskönnerin im Haushaltsbereich und Vollautomaten-Spezialistin gestaltet sich nicht immer einfach. Während Jura in den 80er-Jahren noch viele Geräte selber erfand, produzierte und reparierte, muss das Unternehmen seine Strategie für die exportorientierte Zukunft ändern. Geschäftsführer Emanuel Probst entscheidet, dass sich Jura primär auf die Bereiche Entwicklung, Design, Marketing, Vertrieb und Service fokussieren soll. 1993 kündigt das Unternehmen an, die Produktion an die Firma Eugster/Frismag in Romanshorn auszulagern. Die bisherigen Mitarbeiter sind geschockt: 55 Personen werden entlassen, der Kanton Solothurn verliert ein Stück Industriekultur. Für Jura folgen harte Jahre. 1995 bis 1997 macht die Firma Verluste, erhält keine Bankkredite mehr. Das Unternehmen reagiert, indem es auch den Handel mit Geräten wie Luftbefeuchtern oder Toastern einstellt. Jetzt gibt es nur noch den Vollautomaten.

Die Radikalkur zahlt sich aus. Allein zwischen 1995 und 2002 wächst der Absatz von Jura-Kaffeeautomaten in Deutschland um das Zehnfache. Der Grundstein für die Expansion ist gelegt. Erst folgen Österreich, dann England und die USA. Ganz zentral sind für Jura dabei die Verkaufspunkte, mit denen die Firma den Markt vor Ort aufbaut. Da Kaffeeprodukte eher in urbanen Gegenden beliebt sind, wählt Jura punktuell Partner vor Ort aus und macht sich Gedanken zur künftigen Kundschaft: Wo gehen die Meinungsführer hin? Wo halten sie Ausschau nach neuen Produkten? Das Warenhaus Harrods in London etwa sei ein guter Verkaufspunkt gewesen, sagt Probst. Ebenso das KaDeWe in Berlin oder die Kette Williams Sonoma, die hunderte Läden in den USA betreibt.

Mit Distributoren zum Erfolg

In den einzelnen Ländern sucht Jura nach Distributoren, welche die Verhältnisse vor Ort kennen und die Produkte optimal vertreiben können. Die Firma gewinnt das Vertrauen der Händler und baut langjährige Beziehungen auf – ergänzend entsteht in den Exportmärkten eine umfangreiche Serviceinfrastruktur. In einigen der 50 Länder, in denen Jura heute tätig ist, gründet das Unternehmen zudem Vertriebsgesellschaften – in Deutschland etwa, in Österreich, Schweden, Frankreich, Polen, USA oder Australien. Trotz der internationalen Ausrichtung aber behält Jura wesentliche Elemente der Wertschöpfungskette in der Schweiz.

Die Produktion bleibt ausgelagert, in der Ostschweiz und in Portugal, am Hauptsitz in Niederbuchsiten hingegen konzentriert man sich bewusst auf die Entstehungsphase der Produkte: die Idee, die Innovation, die Entwicklung und das Design. Letzteres hat sich im Grundsatz bis heute nicht verändert: Nüchtern, nordisch und sec sollen die Jura-Maschinen wirken, ganz ohne Firlefanz, wie eh und je.

Federer und Swissness

Ungewöhnlich ist, dass bei Jura große Teile der weltweiten Kommunikationsarbeit von einer Inhouse-Werbeagentur erbracht werden. Vor Ort in Niederbuchsiten produzieren Marketing-Experten Werbematerialien, die in allen Exportländern verwendet werden. Am Firmenhauptsitz ist auch eine E-Business-Abteilung untergebracht, die das Content-Management für 50 Webseiten in 27 Sprachen übernimmt. »Wir wollen überall auf der Welt den gleichen Auftritt und die gleichen Aussagen zu unseren Produkten haben«, sagt Geschäftsführer Emanuel Probst. »In der Schweiz liegt unser Hirn, hier entwickeln und optimieren wir. Im Ausland setzen wir das Resultat um.«

Auch aus diesem Grund bleibt das Image von Jura stark geprägt von Schweizer Werten: Präzision, Technologie, Langlebigkeit, Qualität. Großen Erfolg hat die Firma bis heute im Premium- und Superpremium-Bereich, wo Kaffeevollautomaten 2000 bis 2500 Euro kosten können. »Gerade hier ist das Swissness-Image hilfreich«, sagt Emanuel Probst. »Vor allem in Märkten, die weit weg von der Schweiz sind, zum Beispiel Singapur oder Hongkong, profitieren wir stark vom Bezug zur Schweiz.« Zementiert wurde dieses Image mit Tennisstar Roger Federer, der seit 2006 Markenbotschafter von Jura ist.

»Für den Erfolg im Ausland war die Assoziation mit Federer bedeutend«, ist Probst überzeugt. Genau könne man den »Federer-Effekt« zwar nicht bemessen, er zeige sich aber zum Beispiel an internationalen Messen, wo Jura teils mit, teils ohne den Tennisspieler auftritt. Fehle Federer, höre man oft die Frage: »Wer sind Sie und von wo kommen Sie?« Prange aber das Bild des Weltstars neben dem Stand, seien die Reaktionen erfreut: »Super, Roger Federer, die Schweiz!«

Kein Ende der Innovationen

Zum Schluss bleibt die Frage zur Zukunft. Wo ist noch Raum für Innovation, wenn man einen Blick auf die heutigen Kaffeevollautomaten wirft? Ist nicht bald das Maximum aus den Bohnen herausgeholt? Emanuel Probst schüttelt den Kopf und beginnt mit der Erklärung des Puls-Extraktionsprozesses, einer Neuheit aus dem Jura-Labor, kurz P.E.P. Die neu entwickelte Extraktionsmethode lasse das Wasser leicht getaktet durch das Kaffeepulver laufen und könne so noch mehr Geschmack herausholen. Aber auch in den Bereichen Design und Bedienung gibt es laut Probst weitere Innovationsmöglichkeiten – ebenso wie im Service und Verkauf. So betreibt Jura in Niederbuchsiten seit Kurzem ein eigenes kleines TV-Studio, wo Beraterinnen live Fragen der Online-Kundschaft entgegennehmen. Insgesamt hat das Unternehmen 2014 fast fünf Millionen Franken in den Standort investiert, hat manches umgebaut und vieles erneuert. Denn eines ist gleich geblieben in über 80 Jahren Firmengeschichte: Die Innovation beginnt noch immer zu Hause.

Dumet: Die unglaubliche Geschichte des Ueli Dubs

Vom Kanton Zug aus exportiert die Firma Dumet Oliven nach Deutschland, Österreich und Nordamerika. Dem ungewöhnlichen Geschäftsmodell liegt eine noch viel ungewöhnlichere Geschichte zugrunde. Die Geschichte des Gründers Ueli Dubs.

In Steinhausen, keine fünfhundert Meter vom Zugersee entfernt, prangt ein großes »D« an einer Fabrikfassade. Weiß auf grauem Hintergrund, D für Dumet: 50 Prozent Anteil am Schweizer Olivenmarkt, ein KMU mit Ambitionen im Exportgeschäft. Doch Moment: Oliven in Zug? Ein kaum bekannter Betrieb als Marktführer? Tatsächlich ist es eine schier unglaubliche Geschichte, die sich hier in den vergangenen vierzig Jahren abgespielt hat. Eine, voller Zufälle und glücklicher Fügungen, voller Fleiß und Hartnäckigkeit. Es ist die Geschichte des Ueli Dubs.

Alles beginnt mit einem Griechen. Es ist das Jahr 1975, als Ueli Dubs, 28-jähriger Mitarbeiter der Kantonspolizei Zürich, einen routinemäßigen Hausbesuch durchführt. Er soll einen griechischen Staatsangehörigen auf einbürgerungsrelevante Kriterien prüfen, soll schauen, wie der Mann so lebt. Der junge Polizist tut seinen Job, doch was ihm vor allem auffällt, sind die Spezialitäten, die in der Wohnung des Griechen lagern: Feta, Olivenöl, abgepackte Oliven. Alles importiert. Die beiden Männer sind sich gleich sympathisch, bald einmal lädt der Grieche Dubs privat nach Hause ein. Bei dieser Gelegenheit macht er dem Polizisten ein unerwartetes Angebot: Ueli Dubs soll in seine Import-Firma einsteigen, erst als Geschäftsführer, dann als Besitzer. Eine Million Umsatz mache er jährlich mit dem Import und Abfüllen von Oliven, sagt der Grieche. 30 Prozent davon seien Gewinn. Dubs rechnet und schlägt ein. Mitten in der Rezession kündigt der junge Mann seinen sicheren Job und steht eines Morgens vor der Tür des neuen Arbeitgebers. Doch: Der Grieche hat sich die Sache anders überlegt. »Plötzlich brauchte er mich nicht mehr«, erinnert sich Ueli Dubs, heute 68-jährig. »Da stand ich also auf der Straße. Fertig Millionär.« Was nun? Zurück zu Polizei kann Dubs nicht, das lässt der Stolz nicht zu. Als Maschinenzeichner, sein gelernter Beruf, hat er schon zu lange nicht mehr gearbeitet. Was ihm bleibt, sind

Spontanbewerbungen. Warenhausdetektiv, Sicherheitsbeamter bei einer Bank, Autoverkäufer, Weinvertreter, der junge Dubs versucht alles – und scheitert jedes Mal. Die Griechen-Geschichte blockiert ihn dermaßen, dass ihm nichts mehr gelingt. Nur einen Ausweg sieht er noch: Er muss es selber versuchen, das Geschäft mit den Oliven. »Was der kann, kann ich auch«, sagt er sich und richtet auf dem leerstehenden Bauernhof seines Vaters eine Abfüllanlage ein.

Im Mai 1975 putzt Ueli Dubs den Kuhstall, stellt einen Tisch in den Raum, kauft ein Fass Oliven, einige Plastikbeutel und lässt Etiketten drucken. Als der erste Beutel abgefüllt ist, schreibt er sich die Adressen der regionalen Lebensmittelgeschäfte auf und beginnt die Suche nach einem Abnehmer. Mit seinen schwarzen spanischen Oliven geht er von Laden zu Laden, präsentiert, hofft, doch wieder brandet ihm eine Welle der Ablehnung entgegen. »Ich hatte keine Ahnung von der Struktur des Lebensmittelhandels«, erinnert sich Dubs. »Zwei Monate lang sammelte ich Absagen, dann gab ich mir eine letzte Chance, einen letzten Versuch.«

Ueli Dubs besucht mit seinen Oliven die Migros Genossenschaft Aargau/Solothurn in Suhr. Er weiß, dass der Grieche dort mit seinen Oliven immer wieder Qualitätsprobleme hatte. Mit dem Einkäufer will er sprechen, sich nicht abwimmeln lassen. Dubs weiß zudem, es ist sein allerletzter Versuch. Danach ist Schluss. Dann will er die Oliven endgültig aufgeben. »Ohne zu übertreiben«, sagt er heute. »In diesem Moment hat sich mein Leben entschieden.«

Und siehe da: Endlich stößt Ueli Dubs auf offene Ohren. Der Einkäufer hat genauso wenig Ahnung von Oliven wie er selbst, doch die beiden Männer verstehen sich auf Anhieb. »Ich war nicht besonders clever und hatte keinen Businessplan«, sagt Dubs rückblickend. »Alles, was ich hatte, ist wahnsinniges Glück.« Anders als der Grieche, der baumgereifte, leicht bräunliche und weiche Oliven aus Griechenland anbietet, hat Ueli Dubs schwarze, knackige aus Spanien dabei, die durch ein Oxidationsverfahren gleichmäßig verfärbt wurden. Da kommt also der Olivenverkaufsanfänger zum Oliveneinkaufsanfänger und hält ihm seinen Beutel unter die Nase. Der Einkäufer sagt: »Endlich mal einer mit einer guten Qualität« – und nimmt die Oliven ins Sortiment auf. Die Firma Dubs aus Mettmenstetten, kurz Dumet, hat ihren ersten Abnehmer gefunden.

Beim Griechen revanchiert

Dubs kauft weitere Olivenfässer sowie eine kleine Schweißmaschine und beginnt mit der Produktion. Um die Stehbeutel aus Plastik in die gewünschte Form zu bringen, montiert er eine Strumpfkugel auf einem Besenstiel und stülpt die Beutel drüber. Mit kleinen Schaufeln werden die Beutel gefüllt, dann in den neugekauften Ford Transit geladen und zur Migros gefahren. Die Produkte kommen gut an – immer mehr Filialen zeigen Interesse. Bald liefert der kleine Betrieb aus Mettmenstetten auch grüne Oliven, gefüllte, stets aber unter der Eigenmarke des Detailhändlers. Weil das Volumen schnell wächst, zieht Dubs nach Cham, wo er sich einmietet und eine zweite Verpackungsanlage aufbaut. Statt über einen Importeur in der Schweiz lässt sich der Betrieb nun direkt aus Spanien beliefern. Der Kontakt ist – wieder einmal zufällig – über einen Schweizer entstanden. Fleißig wird abgefüllt, die Gewinne werden reinvestiert, innert fünf Jahren erreicht die Firma in Sachen Hygiene und Organisation einen ansprechenden Standard. Dann schlägt erneut das Glück zu.

Der Grieche, der Ueli Dubs einst auf die Straße stellte, liefert noch immer seine griechischen Oliven an einen Großteil der Migros-Filialen. Weil er aber kaum investiert, weil er stets mit dem Absprung liebäugelt, steigt die Unzufriedenheit der Kunden. Eines Tages kommt ein Migros-Einkäufer auf Ueli Dubs zu und fragt ihn, ob er nicht auch griechische Oliven liefern möchte. Natürlich, sagt dieser und bootet seinen einstigen Peiniger aus. »So schloss sich der Kreis«, sagt Dubs. »Man sieht sich eben immer zweimal im Leben.«

Aufstieg zum Marktführer

Die griechischen Oliven bezieht Dumet von einem Kontakt des Partners in Spanien, der zuvor in Griechenland gearbeitet hatte – wieder so eine Fügung, wieder typisch Dubs. Mit dem erneuten Großauftrag der Migros kommt die Firma langsam in sichere Gewässer. Ueli Dubs realisiert erstmals, dass seine

Idee tatsächlich funktioniert. Bis dahin hatte er vor allem weitergemacht, weil die Schulden so hoch waren, dass an ein Aufhören nicht zu denken war. »Ich konnte nicht mehr zurück, nur noch vorwärts«, sagt er. So habe er Tag und Nacht gearbeitet, für jedes neue Problem immer wieder Lösungen gefunden. Aber Dubs hat auch begriffen: Er muss nicht selbst der Beste sein. Es reicht, wenn er die besten Leute um sich schart.

Es ist jetzt Anfang des neuen Jahrtausends, der Umsatz verdoppelt sich fast jährlich. Unter der Eigenmarke der Migros werden die Dumet-Oliven in der ganzen Schweiz verkauft, Ueli Dubs verdient gut und denkt an den nächsten Schritt. Die Firma verkaufen und sich zur Ruhe setzen oder doch nochmals investieren? Seit er sich selbstständig gemacht hat, träumt Dubs von einer eigenen Fabrik, einem eigenen Gebäude, ganz so wie die großen Industrieanlagen, die ihn stets so beeindruckt haben. Jetzt ist der Umsatz groß genug, die Chance ist da. Als ihn ein befreundeter Banker beim Mittagessen fragt, warum er eigentlich nicht seine eigene Fabrik baue, ist es um Dubs geschehen. »Das war, als würde man ein Zündholz an ein Benzinfass halten«, erinnert er sich und lacht. Er bespricht sich mit seiner Frau, besucht einen Architekten, findet ein Grundstück in Steinhausen und hält einige Monate später die Baubewilligung in den Händen. 2004 steht das neue Fabrikgebäude am Zugersee. Mittlerweile ist in der Schweiz ein regelrechter Hype um Oliven entstanden, die Nachfrage nimmt sprunghaft zu, Dumet beliefert neben der Migros jetzt auch Coop und kleinere Detailhändler. Die Firma gilt als Marktführer, dessen Name kaum ein Kunde kennt. Phase eins der Firmengeschichte neigt sich dem Ende zu.

Ab ins Ausland

Drei Probleme quälen Ueli Dubs zu Beginn der Phase zwei. Erstens ist der Schweizer Markt größtenteils gesättigt. Zweitens sucht Dubs eine Nachfolgeregelung. Und drittens ist die Abhängigkeit von den großen Schweizer Detailhändlern gefährlich groß. Da diese die Oliven unter eigenem Namen verkaufen, läuft Dumet jederzeit Gefahr, ersetzt zu werden. Problem eins geht Dubs als Erstes an. »Wir haben realisiert, dass wir in der Schweiz an unsere Grenzen gekommen sind«, sagt er. »Also mussten wir dringend etwas im Export machen.« Dubs kennt einen Einkäufer, der Kontakte zu Österreich hat und ihm den Kontakt zu Spar Österreich vermittelt. »Wieder Glück«, sagt er. »Aber exzellente Kontakte waren schon immer die Grundlage unseres Erfolgs.« Zwar hat Spar bereits ein großes Olivensortiment, doch den Stehbeutel, das trockenverpackte Produkt, kennt man im Nachbarland noch nicht. Dumet wird ins Angebot aufgenommen.

Parallel dazu löst Dubs sein zweites Problem. Erst erwägt er den Verkauf des Betriebs, eine deutsche Firma macht ihm ein lukratives Angebot. Doch der Gründer zögert. »Ich wusste, dass die Deutschen aus der Dumet einen Steuersitz und ein Auslieferungslager machen würden«, sagt er. »Und das hätte mir wehgetan. Für die Mitarbeitenden und für meine Firma.« Also entscheidet er sich gegen den Verkauf und beginnt, die Verantwortung auf mehrere Schultern zu verteilen. Ein Verwaltungsrat entsteht, zudem sucht Ueli Dubs einen Geschäftsführer, der auch das Marketing übernehmen kann. Fündig wird er – wie könnte es anders sein – dank Glück und Kontakten. Ein ihm bekannter Personalvermittler erzählt Dubs, dass er jemanden kenne, der vielleicht jemanden kenne, der den Job übernehmen könnte. Dieser erste Jemand heißt Josef Arnold, damals Marketingchef bei Schuler Weine. Und tatsächlich schlägt der einen Kandidaten vor: sich selbst. Arnold und Dubs werden sich innert Kürze einig, holen einen zusätzlichen Export-Experten an Bord und beginnen mit der Planung für den österreichischen Markteintritt. Dieser wird zum Erfolg, das Produkt kommt gut an und etabliert sich bei Spar als Nummer 1 im Olivenregal. »Das hat uns bestärkt im Glauben, dass wir auch im Ausland reüssieren können«, sagt Ueli Dubs. »Schließlich wussten wir von Beginn weg: Auf uns hat niemand gewartet.«

Qualität statt Preispolitik

Gegenüber typischen Olivenländern wie Spanien, Griechenland oder auch Frankreich bleibt die Schweizer Firma ein Exot. Sie hat höhere Kosten durch die Verarbeitung am Zugersee. Sie zahlt zusätzliche Zollabgaben beim Export in die EU. Und doch setzt sie sich mehr und mehr durch. Österreich wird ausgebaut, Deutschland kommt dazu, dann Kanada, England und zuletzt die USA. Dass sich Dumet trotz aller Nachteile behaupten kann, liegt einerseits an der Zuverlässigkeit, dem guten Ruf. Andererseits steht noch immer das Produkt im

Zentrum, die Trockenverpackung ohne Salzlake und Pasteurisierung. »Der Geschmack und die Konsistenz der Oliven bleiben so besser erhalten«, sagt Ueli Dubs. »Dafür müssen wir ähnlich hygienisch arbeiten wie in einem Spital.« Bei der Pasteurisierung würden durch die Hitze Keime, aber eben auch Teile des Geschmacks vernichtet. »Wir lassen lieber extreme Vorsicht walten und bleiben so einzigartig. Das ist der Grund, dass die Welt Oliven aus der Schweiz importiert.«

Dringt Dumet in einen neuen Markt ein, ähnelt sich das Vorgehen stets. Das Unternehmen setzt auf die Kooperation mit einem exklusiven Importeur, dieser wiederum liefert den Kontakt zu kleineren, unabhängigen Läden. Dort wird in einer ersten Phase getestet, ob sich die Produkte verkaufen lassen und falls ja, ob die Kunden wiederkommen. Weisen erste Analysen auf ein großes Marktpotenzial hin, geht man mit den Testergebnissen auf die kleineren Ketten zu, später auch auf größere. »Diese Vorgehensweise, Schritt für Schritt, ist für uns sehr wichtig«, sagt Geschäftsführer Josef Arnold. So könne man den großen Kunden beweisen, dass das Produkt funktioniere, und müsse sich nicht teuer ins Sortiment einkaufen.

Der neue Meilenstein

In Deutschland, England und Kanada arbeitet Dumet zusätzlich mit Switzerland Global Enterprise (S-GE) zusammen. Der Exportförderer kennt die Märkte und stellt hilfreiche Informationen sowie Kontakte zur Verfügung. »Extrem wichtig ist auch, dass man sich Zeit lässt und herausfindet, ob ein Importeur zur Firma passt«, sagt Josef Arnold. In Russland etwa sei man durch einen Kontakt sehr schnell in den Markt eingestiegen – und war dann dementsprechend schnell auch wieder draußen. »Wo man den schnellen Gewinn riecht und die Vorbereitung vernachlässigt, lassen sich vielleicht kurzfristig Erfolge feiern«, so der Geschäftsführer. »Langfristig aber klappt das nicht.« Was ebenfalls nicht funktioniert hat, waren Versuche mit Vertretern, welche die Dumet-Oliven auf Provision verkaufen wollten. Könne man das Produkt dem Kunden im Ausland nicht selbst vorstellen, sei es eben nur eines von vielen im Sortiment, so Arnold. Von kurzfristigen Gewinnversprechen dürfe man sich nicht vom eingeschlagenen Weg abbringen lassen. »Das beste Gefühl hatten wir immer da, wo die Dinge langsam ins Rollen kamen.«

So setzt Dumet mittlerweile 10 Prozent der Produktion im Ausland ab. Und es geht vorwärts. Mit Cielos, Oliven in einem Mantel aus Reismehl, hat die Firma erstmals ein selbst entwickeltes Produkt auf den Markt gebracht. Damit soll einerseits der Export gestärkt, andererseits der Markenname einer breiten Öffentlichkeit bekannt gemacht werden. Dumet, der bislang kaum bekannte Name, prangt hier groß auf der Verpackung. Dubs' drittes Problem, die Abhängigkeit von den großen Detailhändlern, soll so verringert werden.

Den Süden im Visier

Zusätzliche Absatzmärkte peilt die Firma kurzfristig nicht an. »Als KMU können wir nicht ununterbrochen neue Märkte beackern«, sagt Arnold. Das Potenzial in Deutschland, England und Kanada sei groß, darauf wolle man sich nun fokussieren. Das bedeute aber nicht, dass man nicht immer mal wieder über die Grenzen schaue, was sich in den Nachbarländern so machen ließe. Ausgerechnet die klassischen Oliven-Länder Spanien, Italien und Frankreich hätten es ihnen angetan, sagt der Geschäftsführer. Die dortigen Detailhändler würden ziemlich offen fragen, weshalb sie Oliven aus der Schweiz kaufen sollten, wenn ihr Land ja selbst welche produziere. »Das ist der Stolz, eine Blockade, absolut verständlich«, sagt Arnold. »Aber unsere Qualität im Beutel erreichen auch diese Länder nicht.«

Felco: Siegeszug der Schweizer Scheren

Ohne Export würde es die Firma Felco nicht geben. Weil der Schweizer Markt zu klein war, verkaufte das Unternehmen aus Les Geneveys-sur-Coffrane seine Gartenscheren von Beginn weg ins Ausland. Allein das Modell Felco 2 ging 15 Millionen Mal über den Ladentisch.

Fünf Kilometer außerhalb von Neuenburg steht eine Gruppe älterer Leute und will die Scheren sehen. Aus der Ostschweiz seien sie angereist, heißt es. »Wir wollen sehen, wie die roten Scheren entstehen«, sagt ein Mann. »Sie wissen schon, diejenigen, die jeder im Garten hat.« Dann beginnt die Fabrikbesichtigung, die Gruppe verschwindet in den Hallen des Fabrikkomplexes. Wir befinden uns in Les Geneveys-sur-Coffrane – hier hat die Felco AG ihren Hauptsitz. Von hier aus exportiert das Unternehmen Schweizer Gartenscheren in über 120 Länder. Als Félix Flisch erstmals über die Herstellung einer Schere nachgedacht hat, dürfte er von diesem Erfolg noch nichts geahnt haben. Im Zweiten Weltkrieg wird der Mechaniker aus dem Appenzell, wie so viele seiner Zeit, in die Armee eingezogen. An der Front wartet man auf den Feind, wartet, dass etwas geschieht. Doch: Alles bleibt ruhig. So bleibt viel Zeit für Gedanken, Zeit für Pläne. Flisch hat seine Jugend im Appenzell verbracht, dann eine Lehre beim Strickmaschinenhersteller Dubied im neuenburgischen Couvet absolviert. Früh ist ihm aufgefallen, mit welch schlechten Werkzeugen die Weinbauern der Region ihre Reben schnitten. Während also seine Kameraden über den Krieg diskutieren, denkt Félix Flisch darüber nach, wie eine bessere Baum-, Reb- und Gartenschere auszusehen hätte. Leicht müsste sie sein, ergonomisch, präzise und langlebig – als er 1945 aus der Armee entlassen wird, hat er einen Plan. Er macht sich an die Arbeit, entwickelt sein Modell, kauft eine alte Uhrenfabrik in Les Geneveys-sur-Coffrane und beginnt mit der Produktion.

Doch der Anfang ist schwer. Zwar gelingt Flisch die Produktion der Schere, zwar erfreut diese die Weinbauern der Region, doch weil sie für eine professionelle Kundschaft entwickelt wurde, bleibt die Gruppe der potenziellen Abnehmer vorerst klein. Der Verkauf läuft schleppend. 1948 dann entwickeln die Neuenburger Tüftler die Felco 2, die Schere, die zum Standardmodell werden soll, die sich weltweit 15 Millionen Mal verkaufen wird. Doch noch dauert es mehr als ein Jahrzehnt, bis sich der Erfolg des Unternehmens einstellen wird. Ein Jahrzehnt, in dem Félix Flisch durch die Schweiz reist – und weit über ihre Grenzen hinaus. Immer mit demselben Ziel: Begeisterung zu wecken für seine Felco-Scheren.

Von der Küche in die Fabrik

In den ersten Jahren der Firmengeschichte ist die Felco-Fabrik der Inbegriff eines Familienbetriebs. Félix Flisch kümmert sich um die technischen Aspekte und den Verkauf, seine Frau um Finanzen und Angestellte. Während Jahren grenzt die Privatwohnung der Flischs an das Büro des Unternehmens – von diesem wiederum gelangt man durch eine Tür direkt in die Fabrik. Arbeiten die Angestellten am Abend etwas länger, bleiben sie auch schon mal zum Abendessen da. »Alle konnten jederzeit zu uns reinkommen«, erinnert sich Pierre-Yves Perrin an seine Kindheit in Les Geneveys-sur-Coffrane. »Die Türen waren offen. Meine Großeltern hatten viel Vertrauen in ihre Mitarbeitenden.« Zusammen mit seinem Bruder Laurent repräsentiert er die dritte Generation in der obersten Unternehmungsleitung der Flisch Holding. Diese ist der Felco-Gruppe übergeordnet und zeichnet für die strategischen, finanziellen und juristischen Belange verantwortlich. Während Pierre-Yves Perrin sich um die juristischen Belange kümmert, ist sein Bruder für die Strategie der Gruppe zuständig. Letzterer hatte bis 2011 die Geschäftsleitung der Firma Felco inne – dann übernahm er die Verantwortung für den nordamerikanischen Markt und gab die Leitung an Christophe Nicolet ab, den ersten Geschäftsführer außerhalb der Familie.

Mit dem Unternehmen aus der Gründungszeit ist die heutige Gruppe kaum mehr vergleichbar. Aus der kleinen Unternehmung mit vier Mitarbeitern ist ein international ausgerichtetes KMU geworden. Die Flisch Holding, die sich noch immer in Familienbesitz befindet, besitzt drei Tochterfirmen: die Felco AG, die traditionelle Scherenherstellerin, die Pretat AG, die Schmiedeteile herstellt und 1996 gekauft wurde, und die 2010 gegründete Felco Motion AG, die auf die Konzeption, Entwicklung und Montage tragbarer Elektrogeräte spezialisiert ist. Die Felco AG allein beschäftigt 150 Mitarbeitende und besitzt Vertriebsgesellschaften in sieben Ländern.

Neuheiten für die Profis

Wie es so weit kommen konnte, ist eine Erfolgsgeschichte, die auf drei Pfeilern ruht. Erstens ist da eine konsequente Orientierung an der Fachkundschaft vorhanden und der damit verbundene Qualitätsanspruch. Zweitens die fortlaufende Innovationskraft des Unternehmens – während Jahrzehnten repräsentiert durch Félix Flisch. Und drittens: die konsequente Exportstrategie, die der Firma den Absatzmarkt öffnete, den sie so dringend brauchte.

Von Beginn weg kreieren Félix Flisch und seine Leute Produkte für eine professionelle Kundschaft. »Unsere Entwickler waren immer sehr nahe an den Fachleuten dran«, sagt Pierre-Yves Perrin. »Wir wussten, was sie brauchen und was verbessert werden muss.« Über die Jahre hinweg entstehen so unzählige neue Produkte, welche die Arbeit im Garten, im Rebberg oder an Bäumen erleichtern. 1952 etwa entwickelt Félix Flisch eine Kabelschere, die dank Dreiecksschnitt das gleichmäßige Durchtrennen von Drähten ermöglicht. In den 60er-Jahren arbeitet er vorwiegend an der Ergonomie und der Effizienz der Scheren – immer leichter und handlicher sollen sie werden. In den 1970ern präsentiert Felco Jahre vor der Konkurrenz Scheren für Rechts- und Linkshänder, für große und kleine Hände. Schneidköpfe werden versetzt, um die Achse zu verlängern. 1974 kommt die erste pneumatische Gartenschere auf den Markt und Anfang 1990er die erste elektrische Schere der Firmengeschichte. Mittlerweile interessieren sich auch Hobbygärtner für die Felco-Produkte. Noch immer aber steht die Frage im Zentrum, die schon Félix Flisch antrieb: Wie lässt sich die Arbeit der Fachleute erleichtern?

Schnelle Flucht ins Ausland

Heute erwirtschaftet Felco rund 90 Prozent des Umsatzes im Ausland – das Potenzial, ja die Notwendigkeit des Exportgeschäfts aber erkennt Félix Flisch bereits in den ersten Jahren. Mit einem Auto voller Scheren reist er zu potenziellen Kunden, stellt seine Produkte vor und findet stetig neue Abnehmer. Er reist viel, vor allem in Europa, dann in die USA und nach Asien. In der Schweiz der Nachkriegszeit glaubt Flisch an die Stärke einer Europäischen Union, träumt gar von einer weltweiten Gemeinschaft. Nicht als Schweizer fühlt er sich daher, sondern als Bürger dieser Welt – eine Ansicht, die ihm bei der Expansion in neue Märkte nicht hinderlich ist.

Bereits 1946, nur ein Jahr nach der Gründung, wird die Schweizer Gartenschere nach Belgien, Holland und Südafrika verkauft. Deutschland wird innert weniger Jahre zum besten Markt, erst als das Unternehmen nach Nordamerika expandiert, geht der Spitzenplatz an die USA über. Die Kundenwerbung liegt in dieser Zeit noch weitgehend in den Händen der Familie – viele Kontakte mit ausländischen Importeuren entstehen durch Zufall, durch Begegnungen mit Händlern, die sich für Felco-Produkte interessieren. Nach und nach entwickeln sich so die Auslandmärkte – und mit ihnen der Hauptsitz in der Schweiz. Heute ist Felco weltweiter Marktführer im Bereich der professionellen Garten- und Kabelscheren. »Der Einstieg in den Export war nötig, weil der Schweizer Markt zu klein war«, sagt Pierre-Yves Perrin im Rückblick. Trotz ausgezeichnetem Ansehen sei von Beginn weg klar gewesen, dass man als spezialisiertes Unternehmen nicht allein vom Heimmarkt leben könne.

In den 60er-Jahren wird die Unternehmensstruktur ausgebaut. Bis in die 90er-Jahre hinein jedoch betreibt Felco kein Marketing im heutigen Sinn – die Produkte als solche reichen, um Fachleute im In- und Ausland zu überzeugen. »Es gab eine Zeit, in der wir alles verkaufen konnten, was wir produzierten«, sagt Pierre-Yves Perrin. Seither hätten sich zwar die Qualitätsansprüche der Firma nicht verändert – der Markt aber sei ein anderer geworden. Die Konkurrenz ist aggressiver, globaler, in der Eurozone wird zu Preisen produziert, die weit unter denen von Felco liegen. Und doch: Die Firma schafft es, ihre Position zu wahren und in kleinen Schritten zu wachsen. Es ist eine Entwicklung, die stark mit dem Engagement im Ausland zusammenhängt.

Vertrauen und Kontrolle im Export

Obwohl Felco heute in über 120 Ländern präsent ist, hat sie den Fokus nicht verloren: Die Firma hat es geschafft, über Jahrzehnte hinweg in ausgewählten Ländern längerfristige und enge Partnerschaften aufzubauen. In Italien etwa hat man 1955 mit dem Export begonnen, mittlerweile arbeitet Felco bereits mit der zweiten Generation des Importeurs zusammen. »Wir haben immer wieder in unsere Partner investiert und enge Beziehungen aufgebaut«, sagt Pierre-Yves Perrin. »Das zahlen sie uns mit Treue und Engagement zurück.«

Neben der Schweiz ist Felco in sieben Märkten mit eigenen Vertriebsgesellschaften präsent – die einen Länder wurden aufgrund ihrer Bedeutung gewählt, bei anderen hat die Firma auf Gelegenheiten reagiert. Denn geht es mit einer Vertretung mal nicht mehr vorwärts, stagniert der Absatz oder stimmen die Konditionen nicht mehr, verstärkt die Firma gezielt ihren Einfluss. In Deutschland etwa stand der Importeur kurz vor der Pensionierung und wollte nicht mehr in das Unternehmen investieren – Felco übernahm die Führung und kam so zu einer deutschen Vertriebsgesellschaft und einem eigenen Netzwerk. In Belgien gab es Ende der 80er-Jahre einen Führungswechsel – auch hier packte Felco die Chance und übernahm die Kontrolle.

Wie stark solche Partnerschaften auf Vertrauen basieren, zeigt das Beispiel USA. Der dortige Importeur hatte Schwierigkeiten mit der Nachfolgeregelung – es zeichnete sich ab, dass er bis ins hohe Alter weitermachen würde. Doch als das Angebot von Felco kam, änderte er seine Meinung. »Die einzige Person, der er seine Firma anvertrauen wollte, war mein Bruder«, erinnert sich Pierre-Yves Perrin. So kam es zum Wechsel.

Mit Kooperation in die Zukunft

Heute setzt Felco vermehrt auf Marketinginstrumente und versucht Partner im In- und Ausland stärker bei den Verkaufstätigkeiten zu unterstützen. Grundsätzlich arbeitet das Unternehmen mit einem Importeur pro Land zusammen, nur ausnahmsweise werden verschiedene Vertriebsnetze für unterschiedliche Produkte genutzt. Wird eine Zusammenarbeit vereinbart, verpflichten sich die Partner dazu, die gesamte Felco-Palette anzubieten – die Firma hält es für wichtig, dass die Fachkundschaft Zugang zu allen verfügbaren Produkten hat. Um neue Kunden zu erschließen, arbeitet Felco seit Mitte 2014 mit dem deutschen Stihl-Konzern zusammen, der als Weltmarktführer im Bereich der Motorsägen gilt. Felco-Produkte halten so Einzug ins Sortiment des Stihl-Konzerns – die

Neuenburger profitieren vom Absatz und dem Zugang zu neuen Vertriebskanälen. Zudem produziert Felco Akkuscheren, die unter dem Label Stihl verkauft werden.

Ein eindrückliches Beispiel, wie international Felco aufgestellt ist, ist die Verpackung der Gartenscheren. Die Felco 2, bis heute das weltweit beliebteste Produkt, wird auf derselben Packung in 13 verschiedenen Sprachen angepriesen. Ein Produkt für die ganze Welt – so reduziert das Unternehmen unnötige Ausgaben und spart gleichzeitig Lagerkapazität.

Freud und Leid des Exportunternehmens

Globale Ausrichtung und lokale Produktion – sind das nicht Widersprüche? Nicht für Holding-Direktor Pierre-Yves Perrin. Die Tatsache, dass Felco seine Scheren noch immer in der Schweiz herstellt, ist für ihn in erster Linie ein Vorteil. Einerseits seien die sozioökonomische und politische Stabilität des Landes, die Abwesenheit von Streiks und die außerordentliche Bildung beste Voraussetzungen für ein Unternehmen – besonders im technikaffinen Jurabogen profitiere man nicht nur vom eigenen Know-how, sondern nutze auch Synergien mit regionalen Firmen. Andererseits könne man mit den Schweizer Attributen wie Qualität, Innovation oder Zuverlässigkeit beim Export punkten.

Ebenso offensichtlich wie die Vorzüge des Standorts sind für ihn aber auch die Nachteile. Die hohen Arbeits- und Produktionskosten sowie die starke Währung machen Felco zu schaffen. »Preislich können wir mit der Konkurrenz nicht mithalten«, sagt Pierre-Yves Perrin. »Umso wichtiger ist es, dass wir nicht nur unseren Qualitätsstandard halten, sondern uns permanent weiterentwickeln.« So oder so will die Familie alles dafür tun, die Produktion soweit möglich in der Schweiz zu behalten. »Als Familienunternehmen orientieren wir uns weniger stark am Profit und mehr an unserer längerfristigen Vision«, sagt Pierre-Yves Perrin. Laufe einige Jahre nicht alles optimal, könne man auch mal eine tiefere Rentabilität akzeptieren – und müsse nicht mit kurzfristigen Maßnahmen die großen Ziele gefährden.

Kampf für den Werkplatz Schweiz

So sind Mitarbeitende, die seit zwanzig oder gar mehr als dreißig Jahren dabei sind, keine Seltenheit. »Einige haben mit meinem Vater zusammengearbeitet, dann mit meinem Bruder und jetzt mit mir«, sagt Pierre-Yves Perrin. Die Kontinuität, die engen Beziehungen, die über all die Jahre entstanden sind, empfindet er als große Bereicherung– schließlich sei das Know-how der Mitarbeitenden absolut zentral für den Erfolg. Andererseits sieht Perrin aber auch die Verantwortung, die auf ihm und der Besitzerfamilie lastet: »Würden wir die Firma verkaufen, an eine große Gruppe etwa, müsste sie wohl noch rentabler werden«, sagt er. Was das für die Region und die Mitarbeitenden bedeuten würde, ist unschwer zu erahnen.

So bleibt es das Ziel des Unternehmens, seine führende Rolle zu verteidigen und weiterhin innovative Produkte zu entwickeln – ganz im Sinne des Gründers Félix Flisch. Ein regelmäßiges, langsames Wachstum sei sicher nötig, sagt Pierre-Yves Perrin – vor allem im Exportgeschäft sieht er großes Potenzial. »Mein persönlicher Wunsch ist es, dass wir auch in zehn Jahren noch hier produzieren können, wo die Geschichte begonnen hat«, so Perrin. »Es ist ein ständiger Kampf. Aber das Schöne ist: Wir kämpfen ihn alle zusammen.«

Christian Fischbacher: Edle Stoffe in sechster Generation

Vom kleinen Jungen mit dem Handwagen zum weltgewandten Unternehmer – sechs Generationen der Familie Fischbacher haben die Geschicke des Textilunternehmens Christian Fischbacher geprägt. Überleben konnte die Firma nur dank stetem Wandel und der starken Orientierung am Auslandgeschäft.

Im Quartier Winkeln, im Westen St. Gallens, ist alles wie früher – und doch ist alles neu. Wo vor hunderten Jahren die Stoffhändler der Stadt entgegenstrebten, steht nun ein Bürogebäude, eckig und modern. Wo die Textilindustrie schon im frühesten Mittelalter eine bedeutende Rolle spielte, wo Leinwände und Stickereien gefertigt wurden, verkauft heute das Traditionsunternehmen Christian Fischbacher hochwertige Textilien in alle Welt. 196 Jahre nach der Gründung ist das Kerngeschäft dasselbe geblieben – alles andere hat sich verändert.

Fischbacher, der Erste

Wir schreiben das Jahr 1819, das Toggenburg zählt zu den ärmsten Regionen Europas. Zweimal pro Woche läuft Christian Fischbacher, 16 Jahre jung, mit seinem Handwagen von St. Peterzell nach St. Gallen. Über vier Stunden dauert ein Weg – in der Stadt verkauft er Webwaren, erworben von Bauersfrauen auf dem Land. Trotz seines jungen Alters hat Fischbacher bereits einen ausgeprägten Sinn fürs Geschäft. Immer größer wird seine Stammkundschaft, immer mehr setzt er ab. Doch was der junge Mann an Überschuss erwirtschaftet, gibt er nicht gedankenlos aus: Er kauft sich ein Pferd, zusätzliche Transportkapazität, die »wichtigste Investition in der Firmengeschichte«, wie man in der Familie noch zwei Jahrhunderte später sagen wird.

1830 mietet sich Christian Fischbacher ein Lagerhaus in St. Gallen, 1854 kauft er ein Haus und zieht mitsamt Familie in die Stadt. Zwanzig Jahre lang verkauft er nun vom Oberen Graben aus seine Produkte – mit großem Erfolg. Es ist die goldene Zeit der Ostschweizer Textilindustrie, Fabrik um Fabrik schießt aus dem Boden, um die Jahrhundertwende werden Stickereien zum wichtigsten Exportgut der Schweiz. Im Schatten dieses Booms, in einer Region, die sich mit ihrer Textilproduktion in Europa, Russland und Amerika einen Namen schafft, verkauft auch die Firma Christian Fischbacher erste Produkte ins Ausland.

Schwung aus dem Ausland

Vor dem Ersten Weltkrieg tritt Christian Fischbacher II die Nachfolge seines Vaters an und führt die Firma durch eine Zeit der wirtschaftlichen Baisse. Dessen Sohn wiederum, wieder ein Christian, aber bekannt unter dem Namen Otto, übernimmt vor dem Zweiten Weltkrieg und schafft es, das Geschäft trotz wirtschaftlicher Depression auszubauen. In den 1930er-Jahren tritt Christian Fischbacher IV in die Firma ein, verlässt die Schweiz aber bereits nach drei Jahren und reist auf Geheiß des Vaters in die USA. Was die Familie zu diesem Zeitpunkt nicht wissen kann: Der Entscheid des Patrons, seinen Sprössling in die Welt hinauszuschicken, wird die Zukunft der Firma grundlegend prägen.

In New York gründet Christian Fischbacher IV mit der Fisba Fabrics Inc. die erste Tochtergesellschaft des Unternehmens. Der Einstieg in den neuen Markt soll in erster Linie das Kapitalrisiko verteilen, weg vom verrückten Europa, weg von den Wirren der Kriegszeit. Der Sohn lebt über zwanzig Jahre in New York und leitet die amerikanische Tochterfirma. Dann erfährt er per Telegramm von seinem Vater, dass er nach Hause kommen und die Muttergesellschaft übernehmen soll. Der Sohn macht sich seine Gedanken und antwortet dann mit einer Forderung: Ich komme, wenn du zurücktrittst. Der designierte Nachfolger hat seine eigenen Pläne, will stärker auf Export und Mode setzen, ganz ohne Einfluss des Vaters. Dieser willigt ein und geht in Pension. Es beginnt die Zeit der Internationalisierung.

Export-Erfolg dank großer Namen

Noch in den 1960er-Jahren stellt die Firma Christian Fischbacher vor allem Rohware her, die an Produzenten zum Besticken oder Bedrucken verkauft wird. Daneben umfasst das Sortiment Accessoires, Taschentücher und Foulards – alles von feinster Qualität, aber quantitativ wenig bedeutend. Mit der Übernahme durch Christian Fischbacher IV ändert sich das. Der neue Chef gründet die Abteilungen Bettwäsche und Einrichtungsstoffe und führt ein für das damalige

Europa revolutionäres System ein: Statt wie gewohnt an der ganzen Rolle bietet die Firma ihre Stoffe anhand eines Musters an. Die Kunden können das Produkt nun begutachten und Bestellungen am Meter abgeben – die Innovation wird mit Treue und guten Umsätzen belohnt.

Weil Christian Fischbacher IV auch die Designabteilung in St. Gallen vergrößert und Kontakte zur Pariser Haute Couture knüpft, genießt das Schweizer Unternehmen bald auch in der internationalen Modeszene einen ausgezeichneten Ruf. Fischbacher liefert Stoffe an bekannte Designer wie Christian Dior oder Christian Lacroix und etabliert sich so im obersten Preissegment. Parallel dazu entstehen in den 1960er-Jahren Tochtergesellschaften im Ausland, erst in Deutschland, dann in Italien, Holland, Frankreich und Japan. »Ohne eigene Gesellschaft war das Exportgeschäft kaum möglich«, sagt Michael Fischbacher, heutiger Geschäftsführer des Unternehmens und Urururenkel des Gründers. Ohne Internet, ohne Fax sei die Kommunikation über die Landesgrenzen hinweg schwierig gewesen. Zudem sei man dank der Ländergesellschaften näher bei den jeweiligen Märkten gewesen und habe die Produkte direkter anpreisen und verkaufen können.

Das Modegeschäft betreibt die Firma zu dieser Zeit ausschließlich für den Export, Bettwäsche und Einrichtungsstoffe werden auch in der Schweiz erfolgreich verkauft. Bereits in den 1990er-Jahren aber liegen auch hier die Exportanteile bei 70 respektive über 90 Prozent. Ohne das Auslandgeschäft geht jetzt nichts mehr im Unternehmen.

Stark aus der Krise

Wie die Traditionsfirma in neue Länder vordringt, hängt stark von Opportunitäten und Marktbegebenheiten ab. Als die deutsche Niederlassung gegründet wird, stammt der dortige Geschäftsführer aus Wuppertal – so kommt der Standort in dieser Stadt zu stehen. »Das passte, weil es damals eine Textilstadt war«, sagt Michael Fischbacher. Auch die Niederlassung im norditalienischen Como weist auf eine lange Textilherstellungstradition hin. Amsterdam wiederum war für den Export in die Benelux-Staaten naheliegend. Und Paris? »Weil Paris eben

Paris ist«, sagt der Geschäftsführer und lächelt. In Frankreich habe sich schon immer alles Wichtige in der Modewelt und im Stoffverkauf in der Hauptstadt abgespielt.

Es ist Christian Fischbacher der Fünfte, der Vater des heutigen Firmenchefs, der das Unternehmen auf den heutigen Kurs bringt. Er verbringt die ersten 22 Jahre seines Lebens in den USA, führt dann die Abteilung Modeaccessoires bei Christian Fischbacher und übernimmt 1983 die Geschäftsführung. Einerseits führt er im Sinne seines Vaters die Zusammenarbeit mit der Modewelt weiter, arbeitet mit wichtigen Trendsettern des Textildesigns zusammen und gewinnt mit seinen Designs verschiedene Preise. Andererseits aber passt er die Strategie den Gegebenheiten an, wendet sich stärker den bis dahin eher stiefmütterlich behandelten Heimtextilien zu und schafft es, die Firma auch hier im obersten Preissegment zu etablieren. Im Hinblick auf den baldigen Markteintritt der Textildiscounter ist das ein fast prophetischer Entscheid. Die Firma überlebt, weil sie sich rechtzeitig vom Segment abhebt, das durch Konzerne wie Ikea übernommen wird. Und sie überlebt, weil sie international einkauft, das Design in der Schweiz erarbeitet und die Produkte dann wieder international verkauft. Das sei kein Widerspruch zur Firmentradition, sagt Michael Fischbacher. »Wir waren schon immer mehr Designer als Produzenten.« In den 70er-Jahren etwa designte man Druckstoffe, ließ sie im nahen Wattwil produzieren und exportierte dann nach Frankreich, Deutschland oder Japan. Heute aber gibt es in der Schweiz fast keine Textilindustrie mehr. Bei den Einrichtungsstoffen stammen nur noch wenige Lieferanten aus dem Inland, die Stoffe für Bettwäsche hingegen werden fast ausschließlich in der Schweiz gefertigt. »Die herstellende Textilindustrie ist in der Schweiz nicht mehr stark präsent«, sagt Michael Fischbacher. »Wir müssen deswegen aber nicht vorbei sein, weil wir einen Mehrwert liefern und international agieren.« Es liegt am guten Riecher der Familie, dass die Firma trotz aller Widrigkeiten noch heute in neue Märkte vorstößt.

Reisen als Tradition

1998 zieht das Unternehmen in ein modernes Bürogebäude nach Winkeln, ins westlichste Quartier der Stadt St. Gallen. Um die Profitabilität zu erhöhen, trennt man sich nun gänzlich von der Sparte Kleiderstoffe. Der Fokus des Unternehmens verschiebt sich jetzt immer stärker hin zu den Heimtextilien und der Luxusbettwäsche. 2007 wird Christian Fischbacher VI Verkaufsleiter in Osteuropa und den GUS-Staaten – ein Jahr später übernimmt sein Bruder Michael vom Vater die Geschäftsleitung in sechster Generation. Wie bereits ihre Vorfahren haben die beiden Brüder ihren Horizont früh über die Grenzen der Schweiz hinaus erweitert. Bevor Michael Fischbacher zum CEO ernannt wird, arbeitet er zwölf Jahre in der Firma, lebt einige Jahre in Malaysia und China, lernt dort auch die Begebenheiten der Auslandmärkte kennen.

Heute betreibt das Unternehmen sechs ausländische Niederlassungen und ist in rund 60 Märkten vertreten. Obschon die Produktion der Einrichtungsstoffe zum größten Teil ins Ausland verlagert wurde, glaubt man noch immer an den Standort St. Gallen. »Die Schweiz steht im Ausland nach wie vor für Qualität und Zuverlässigkeit«, sagt Michael Fischbacher.

Lernen vom Ausland

Der Eintritt in einen neuen Markt läuft heute meist zuerst über einen lokalen Vertreter, der die Produkte in sein Sortiment aufnimmt. Merkt das Unternehmen dann, dass sich in einem Markt mehr machen ließe, wird ein Agent gesucht oder ein eigener Vertreter eingestellt. Das wiederum kann je nach Marktpotenzial der Zwischenschritt zu einer Niederlassung sein. In England etwa arbeitete Christian Fischbacher während Jahren nur noch mit Agenten, bevor die Firma 2010 einen Showroom gründete und eine Mitarbeiterin anstellte. »Der nächste Schritt wäre nun, dass wir uns einen eigenen Vertreter leisten«, sagt Michael Fischbacher. Dieser sei tendenziell erfolgreicher und könne die Marke besser entwickeln, da er sich mit der Firma identifiziere und sich ganz auf das hauseigene Sortiment konzentriere.

Was in den verschiedenen Märkten angeboten wird, trägt die Handschrift des St. Galler Unternehmens, ist aber immer auch auf die jeweiligen Länder angepasst. Der germanische Geschmack sei etwas moderner, zackiger, habe klarere Farben als sein romanischer Gegenpart, so der Geschäftsführer. Viele Produkte, die sich in Deutschland oder in der Schweiz gut verkaufen ließen, hätten in Frankreich keine Chance und umgekehrt. Auslandgesellschaften sind bei Christian Fischbacher daher keine reinen Verkaufs- oder Produktionsstätten – durch ihre Nähe zum Markt können die lokalen Mitarbeitenden den Geschmack der Kunden besser beurteilen und Rückmeldungen für künftige Kollektionen liefern. »Diese Abhängigkeit vom Export ist Teil unserer Tradition«, sagt Michael Fischbacher. »Deshalb dürfen wir nie aufhören, vom Ausland zu lernen.«

iNovitas: Zwei Aargauer auf Googles Spuren

Mit ihrer Dienstleistung macht die iNovitas AG sogar Google Konkurrenz. Die Firma aus Baden vermisst Straßen und Städte mit einer eigens entwickelten Technologie. Nur vier Jahre nach der Gründung ermöglicht ihr der Export ein Wachstum, das in der Schweiz nie möglich wäre.

Ein junges Technologieunternehmen schickt mit Kameras bestückte Autos durch Städte und liefert intelligente, hochauflösende Bilder von Straßen und Gebäuden. Tönt nach Kalifornien und Silicon Valley? Ist aber Baden im Aargau. Am Sitz der iNovitas AG sind keine Palmen zu sehen, und auch das Meer ist weit weg. Stattdessen: Wiesen, Bäume, Gewerbehallen, eine Straße an der Grenze zwischen Stadt und Wald. Das Dorf Dättwil, 2800 Einwohner, Teil der Gemeinde Baden – das ist die Basis, von der aus zwei Schweizer die Welt erobern.

Revolution in der Vermessung

Die Geschichte beginnt mit einem Bedürfnis. Auf der Suche nach einem effizienten Instrument zur digitalen Erfassung von Infrastrukturobjekten wenden sich Schweizer Ingenieurunternehmen an die Fachhochschule Nordwestschweiz. Finanziert durch interne Forschungsmittel und Stiftungsgelder beginnt man am Institut für Vermessung und Geoinformation mit der Entwicklung eines Systems, das Städte flächendeckend registriert und eine dritte Dimension ins digitale Kartenmaterial einbaut. Mit mehreren Kameras sollen Straßen und Gebäude aufgenommen und die Daten zu einer interaktiven Karte verarbeitet werden. Vor Ort sein, ohne vor Ort zu sein, lautet der Leitsatz – der Endkunde soll sich gemütlich vom Bürosessel durch die Landschaft klicken und jeden Punkt und jede Strecke per Mausklick präzise ausmessen können.

Dank der talentierten Leute, die vonseiten der Fachhochschule mitforschen, und dank des leitenden Professors Stephan Nebiker, der das Projekt betreut, gelingen die Entwicklung eines ersten Prototyps und der Aufbau eines funktionstüchtigen Systems. 2011 fällt der Entscheid, aus der Idee ein Geschäft zu machen, aus der Forschung ein Unternehmen entstehen zu lassen. Hannes Eugster, der als wissenschaftlicher Mitarbeiter am Institut tätig ist, tut sich mit seinem Jugendfreund Christian Meier zusammen und gründet das Spinoff-Unternehmen iNovitas. In enger Zusammenarbeit mit der Fachhochschule wird das System weiterentwickelt und auf den Markteintritt vorbereitet. Bald verfügt das Unternehmen über die Technologie, ganze Städte mit Videokameras zu erfassen und die Daten dem Benutzer auf einfachste Weise zur Verfügung zu stellen – gewissermaßen ein Google Street View für Profis. Doch: Das Produkt alleine, das sollen die beiden Freunde bald merken, reicht noch lange nicht zum Erfolg.

Klinken putzen ohne Erfolg

Um ihre Erfindung auf den Markt zu bringen, gehen Meier und Eugster auf Gemeinden, Kantone und Unternehmen zu, die vom Produkt profitieren könnten. Doch obwohl der Nutzen klar scheint, obwohl die Einsparungen für die Behörden offensichtlich sind, findet sich während Monaten kein Abnehmer. »Das war wohl die schwierigste Phase in der bisherigen Unternehmensgeschichte«, sagt Christian Meier, heute CEO der Firma, rückblickend. »Wir sind unwahrscheinlich oft gescheitert. Um da nicht aufzugeben, muss man ein Stehaufmännchen sein.« Die beiden Firmengründer wissen, dass sie Leute finden müssen, die an ihr Projekt glauben, die einen Paradigmenwechsel wagen wollen und die bereit sind, den Initialaufwand zu tragen. Doch immer wieder bekommen sie dasselbe zu hören: Die potenziellen Kunden finden die Idee zwar interessant, auf das unbekannte Unternehmen setzen mag aber doch niemand. »Es gab Momente, da haben wir ans Aufgeben gedacht«, sagt Christian Meier. Er hat zu diesem Zeitpunkt bereits Familie, drei Kinder, relativ hohe Ausgaben. Zwar haben die beiden Firmengründer erste Investoren gefunden, doch weil sie eine Mehrheit des Unternehmens behalten wollen, bleibt ihnen noch immer der Großteil des Risikos. Über fünfzig Mal stellen sie ihr Produkt vor, immer wieder werden sie abgelehnt. Sie wissen: Irgendwann geht ihnen das Geld aus. Dann sagt einer zu.

Schneller Aufstieg

Als ersten größeren Kunden kann iNovitas eine private Ingenieurfirma gewinnen. Jetzt kommt der Stein ins Rollen. Basierend auf dem ersten Auftrag sagt auch die Stadt Kloten zu, dann folgen Chur, Thun, Zug und weitere Gemeinden. 2012, nach fast zwei Jahren Überzeugungsarbeit, holen die beiden Firmengründer auch ihren Heimatkanton, den Kanton Aargau, an Bord. »Das war der eigentliche Startschuss für die heutige Firma«, sagt Christian Meier. »Da haben wir gemerkt, dass unser Geschäftsmodell funktioniert.«

Als die Firma 2014 von Muttenz nach Baden-Dättwil zieht, beschäftigt sie bereits acht Mitarbeitende. Zwei Jahre später sind es über zwanzig. Das schnelle Wachstum hat auch damit zu tun, dass sich iNovitas nie künstliche Grenzen gesetzt hat. »Als wir das erste Forschungsprojekt abgeschlossen hatten, wussten wir, dass wir über eine Spitzentechnologie verfügen«, sagt Christian Meier. »Also versuchten wir, das Möglichste rauszuholen. Ganz egal, ob im In- oder im Ausland.« Dieser Mut, diese Überzeugung, sich auch in fremden Märkten durchsetzen zu können, zahlt sich bald aus.

Erfolg und Streit in Deutschland

Das Abenteuer Export beginnt mit der Suche nach Partnern. Weil iNovitas die Kosten für die Expansion und den Vertrieb nicht alleine aufbringen kann, weil der Firma Kenntnisse über die jeweiligen Märkte fehlen, geht sie eine Kooperation mit einem etablierten deutschen Unternehmen ein. Anfänglich mit Erfolg: 2013 kann iNovitas die Stadt Radebeul bei Dresden erfassen, es ist der erste Auftrag außerhalb der Schweiz. Bald jedoch wird klar, dass die Zusammenarbeit nicht wunschgemäß funktioniert. Das Partnerunternehmen setzt den Aargauern zu wenig stark auf die neue Technologie, macht lieber weiter wie bisher. »Die Etablierten verdienen gutes Geld mit dem alten Geschäftsmodell. Wieso sollten sie also Neues ausprobieren?«, fragt Christian Meier. »So haben wir gelernt, dass es von Vorteil sein kann, wenn auch unsere Partner wirtschaftlichen Druck verspüren.«

Parallel zu den ersten Projekten im Ausland entwickelt sich in der Schweiz ein neuer Geschäftszweig: Neben Straßen und urbanen Gebieten beginnt iNovitas mit der Erfassung von Schienenstrecken. Erst für die Verkehrsbetriebe Zürich, dann für die Rhätische Bahn führt die Firma Projekte durch, die das Vermessen vor Ort und damit auch die mühsame temporäre Sperrung der Strecken überflüssig machen.

Aus der ersten Kooperation im Ausland ziehen die beiden Aargauer ihre Lehren und gründen eine eigene Vertriebsgesellschaft in Deutschland. Als die Schweizer erfahren, dass eine deutsche Konkurrenzfirma einen Mitarbeiter entlassen hat, den sie als sehr fähig einschätzen, packen sie die Gelegenheit und stellen den Mann ein. Fortan profitieren sie von seinen Marktkenntnissen und dem bestehenden Netzwerk. Innert Kürze erhält die Schweizer Firma weitere Aufträge aus Deutschland, 2014 sogar aus Berlin: Die Metropole will wissen, in welchem Zustand sich ihre Infrastruktur befindet. Bei der Stadtvermessung werden sämtliche Verkehrsflächen, Straßen, Geh- und Radwege erfasst – um dabei auch die Parks zu berücksichtigen, montieren die Schweizer ihre Kameras erstmals auf Quad Bikes.

Wachstum in die Welt hinaus

Den Erfolgen zum Trotz soll die deutsche Tochtergesellschaft vorerst die einzige bleiben. Priorität hat die ursprüngliche Exportstrategie: Wachstum durch Lizenzvergabe. Erst in Österreich, dann in Italien und später auch in Rumänien findet iNovitas Partner, die sich für die neue Technologie interessieren und als Lizenznehmer lokale Arbeiten durchführen wollen. Sie übernehmen den Verkauf der Dienstleistung an den Endkunden sowie die Vermessungsarbeiten – die Kontrolle über das Kerngeschäft, über Forschung und Technologie, bleibt in der Schweiz. Sind die Städte erst einmal vermessen, werden die Daten nach Baden transferiert und in einer Cloud abgelegt. iNovitas ist an jedem Geschäft im Ausland beteiligt, überwacht den Datenfluss und betreibt Servicearbeiten. Bezahlt wird sie für die mit Kameras ausgerüsteten Autos (Kauf oder Miete), für die Datenaufbereitung und für den Full-Service-Vertrag. »Es ist ein System, das für uns finanziell interessant ist«, erklärt Christian Meier. »Aber natürlich schützen wir so auch unsere Technologie.«

Die Expansion ins Ausland folgt einer wirtschaftlichen Logik, die dem Geschäftsmodell von iNovitas zugrunde liegt. Ausgangspunkt sind die hohen Kosten, welche die Entwicklung und der Betrieb der Systeme verursachen. Diese fallen ohnehin an, ganz egal, wie viele Kunden im In- oder Ausland von der Dienstleistung profitieren. Das wiederum bedeutet, dass hohe positive Skaleneffekte vorhanden sind, die Kosten pro Kunde also mit steigenden Aufträgen sinken. Mehr Länder, mehr Volumen, mehr Gewinn – der Export ermöglicht iNovitas ein Wachstum, das innerhalb der Schweiz nie möglich wäre.

Moldawien, Golfstaaten, USA

Und doch unterscheidet sich die heutige Suche nach Partnern im Ausland nur geringfügig von derjenigen in der Anfangsphase des Unternehmens. »Damals haben wir Gemeinden besucht, mittlerweile sind es Länder«, sagt Christian Meier. Noch immer gehe es um den Aufbau eines Netzwerks, ums Vorsprechen und Präsentieren sowie um die Hoffnung, auf die richtigen Personen zu treffen. Eines aber hat sich ganz sicher verändert: Die Firma hat an Stellenwert und Bekanntheit gewonnen. In den wenigen Jahren seit der Gründung hat sich iNovitas in der Branche einen Namen geschaffen – einerseits durch die zufriedene Kundschaft, andererseits durch den Gewinn des Swiss Economic Award 2015, des Wettbewerbs mit dem höchsten Prestige im Schweizer Wirtschaftsbereich. So werden die Firmenchefs heute regelmäßig eingeladen, zu Fachvorträgen oder Messen etwa, wo sie ihr Produkt vorstellen können. »Wir kommen schneller an die richtigen Leute ran«, bemerkt Meier. »Von unserer Technologie überzeugen müssen wir sie aber immer noch.« Ein schlagendes Argument ist dabei die Kosteneinsparung bei Projekten – 30 Prozent wird für gewöhnlich kommuniziert, teilweise werden gar 60 Prozent erreicht. Aber auch die Tatsache, dass iNovitas mit lokalen Partnern zusammenarbeitet und dass das Schweizer Unternehmen für hohe Qualität in den Bereichen Technik und Präzision steht, kommt bei den Kunden gut an.

So haben die Badener bereits Besuch aus Moldawien und den Golfstaaten erhalten und mit Unterstützung des Exportförderers Switzerland Global Enterprise (S-GE) die Fühler nach Polen ausgestreckt. Bis Ende 2015 möchte die Firma in fünf europäischen Ländern gut positioniert sein, es bestehen zudem Kontakte zu Interessenten in den USA, Shanghai oder Singapur. Überall dort, wo größere Infrastrukturprojekte geplant sind, wo die Vermessung der Städte noch nicht sehr weit fortgeschritten ist oder einer Überholung bedarf, sieht Christian Meier Wachstumspotenzial. »Auch Südamerika wäre interessant, Kolumbien zum Beispiel oder Brasilien«, sagt er. Am Produkt selbst, so scheint es, gibt es keine Zweifel im aargauischen Silicon Valley. »Wenn wir die richtigen Partner finden, können wir überall erfolgreich sein.«

Kambly: Kompromisslos zum Erfolg

Tue nur, was du besser kannst als andere – mit diesem Leitsatz ist Kambly zum bekanntesten Feingebäckhersteller der Schweiz aufgestiegen. Der Gründer setzte auf Qualität, die nächste Generation auf technischen Fortschritt. Erst mit dem Ausbau des Exportgeschäfts aber konnte die Firma ihre Zukunftsfähigkeit sichern.

Im kleinen Dorf Trubschachen entstehen die bekanntesten Biscuits der Schweiz. Nur einen Steinwurf vom Bahnhof entfernt bäckt die Firma Kambly seit mehr als hundert Jahren das berühmte Emmentaler Bretzeli. Dazugekommen sind weitere Produkte, die ihren Weg in mehr als 50 Länder finden. Wieso das Unternehmen ausgerechnet in Trubschachen entstanden ist, diese Geschichte wird in zwei unterschiedlichen Versionen erzählt. Die eine handelt von frischer Milch, frischer Butter, dem perfekten Ort zur Produktion von Feingebäck. Die andere aber ist eine Liebesgeschichte.

Es ist Anfang des 20. Jahrhunderts, als Oscar R. Kambly auszieht, um Konditor zu werden. Sein Vater besaß eine Zündholzfabrik, die zweimal abgebrannt ist. Weil er nicht will, dass seine Nachkommen das gefährliche Geschäft weiterführen, verkauft er dieses und zahlt die Kinder aus. So kommt Oscar Kambly zu Kapital und die Geschichte ins Rollen. Von Kandergrund aus zieht der junge Mann nach La Neuville, um an der Handelsschule Französisch zu lernen. Dort lernt er ein Mädchen aus Trubschachen kennen, dass ihm nicht mehr aus dem Kopf geht: Es ist Emma Jakob, seine spätere Frau und Mutter seiner Kinder.

Volles Risiko mit dem Bretzeli

Nach beendeter Schulzeit ziehen die beiden in die Heimat der jungen Frau, wo Oscar Kambly in der Dorfbäckerei das Handwerk des Bäcker-Konditors lernt. Mitten in Trubschachen, keine hundert Meter von der heutigen Fabrik entfernt, übernimmt er im Jahr 1909 den Betrieb seines Lehrmeisters. Doch Kambly merkt schnell, dass er nicht für ein Leben als Dorfbäcker geschaffen ist. Zwar verfügt sein Laden über ein breites Sortiment, eine treue Kundschaft, doch der Radius beschränkt sich auf Trubschachen und die paar Gemeinden rundherum. Oscar Kambly ist das nicht genug. Er macht sich Gedanken, wie sich die Kundschaft vergrößern ließe, beginnt damit, nach dem Familienrezept seiner Großmutter etwas Neues zu backen. Ein Bretzeli aus frischer Butter, Mehl und Eiern. Ein Bretzeli, das die Kundschaft begeistert.

Bald findet das neue Produkt solch großen Anklang, dass Oscar Kambly beschließt, alles auf eine Karte zu setzen. Mit einem Musterkoffer marschiert er durch das Land, bietet potenziellen Kunden seine Kambly-Bretzeli an, verfolgt seine Vision: Er will mit dem Produkt in der ganzen Schweiz Erfolg haben. 1910 verkauft der Konditor seine Bäckerei, erwirbt in der Nähe ein Stück Land und baut zusammen mit seinem Bruder eine kleine Fabrik auf. Brot und Buttergipfel sind passé, ab jetzt werden nur noch die Emmentaler Bretzeli produziert. Oscar Kambly setzt damit den ersten von fünf Leitsätzen um, welche die Firma noch heute prägen: Tue nur das, was du besser kannst als andere.

Lieber gar nicht als schlecht

Die Bretzeli, die Oscar R. Kambly 1906 das erste Mal bäckt, werden bis heute in derselben Qualität produziert. Verändert aber hat sich alles rundherum. Als der Erste Weltkrieg die Schweiz erreicht, ist Kamblys Gebäck im Großraum Bern bekannt, seine Firma hat 25 Angestellte, das Geschäft läuft. Im Krieg jedoch werden die Rohmaterialien begrenzt, viele Produzenten ändern ihre Rezepte, reduzieren die Qualität, produzieren mit dem, was verfügbar ist. Nicht so Oscar Kambly. Wenn keine frischen Eier da sind, wenn es an frischer Milch mangelt, lässt er die Maschinen abstellen. Dann gibt es eben keine frischen Bretzeli. Die Kunden reagieren mit Unverständnis, die Bank wird nervös, die Mitarbeiter sind verunsichert – Kambly bleibt konsequent. Vier Jahre hält er das durch, dann noch einmal sechs Jahre während des Zweiten Weltkriegs. Kambly braucht sein ganzes Privatvermögen auf, macht Jahr für Jahr Minus. Nur wenige Wochen länger hätte der Zweite Weltkrieg dauern müssen, so erzählt man sich in der Familie, dann wäre Oscar Kambly der Erste am Ende gewesen. Doch: Der Frieden kommt, die Firma überlebt. Fortan steht Kambly bei den Konsumenten für Vertrauen. Qualität ohne Kompromisse – es ist der zweite Leitsatz des Familienunternehmens.

Export als logische Folge

Oscar A. Kambly, der aktuelle Verwaltungsratspräsident der Firma, wurde von der konsequenten Haltung seines Großvaters geprägt. Er bewundert dessen Standfestigkeit genauso wie dessen klares Bekenntnis zu höchster Qualität. »Eine starke Marke ist die Summe aller Erfahrungen aller Menschen mit dieser Marke«, sagt Kambly der Dritte. »Einen guten Namen aufzubauen, heißt deshalb auch, alle seine Versprechen einzulösen.« So sei die spätere Entwicklung des Unternehmens nichts anderes als die logische Folge der frühen Pioniertaten. »Damals kannte uns niemand in der Schweiz, also mussten wir uns konsequent abheben und das bestmögliche Produkt anbieten«, sagt der Verwaltungsratspräsident. Heute sei man ein Winzling im internationalen Geschäft, die großen Multis könnten sich alles leisten, was mit Geld erwerbbar ist. »Die Begeisterung aber und die Fähigkeit zu kompromissloser Sorgfalt und Qualität lassen sich nicht kaufen.«

Es ist Mitte der 1930er-Jahre, als Oscar Kambly der Zweite ins Geschäft einsteigt. Erst lässt er sich zum Confiseur ausbilden, dann absolviert er die höhere Handelsschule. Seine Vision ist es, das Handwerk der Konditorei- und Confiseriekunst mit modernster Technologie zu verbinden. Also reist er nach England, bildet sich in der dortigen, stark automatisierten Biscuitindustrie weiter und zieht dann weiter nach Wien, Prag, Budapest, in die Herzen der Süßwarenkunst. Als er nach Trubschachen zurückkehrt, verfügt Kambly über einen einzigartigen Erfahrungsschatz im Bereich der Biscuitproduktion und der Kunst der Maîtres Confiseurs. Er kombiniert seine neuen Fähigkeiten mit seinem Wissen, veredelt hauchdünnes Gebäck mit frischem Rahm und frisch blanchierten Mandelscheibchen, und verändert damit eine ganze Branche. Sein »Butterfly«-Gebäck ist weltweit einzigartig – hergestellt mit eigens konstruierten Maschinen, nach einem eigens entwickelten Rezept. Steter technologischer Vorsprung – Kamblys Vision wird zum dritten Leitsatz der Firma.

Der vierte wiederum folgt der unausweichlichen Konsequenz erfolgreicher Produkte: dem Kopieren durch die Konkurrenz. Immer öfter tauchen nun Produkte auf dem Markt auf, die den Kambly-Biscuits ähneln, immer öfter kommt Oscar

J. Kambly am Abend verärgert nach Hause und zeigt seinem Sohn ein neues Beispiel. Eines Tages aber, so erinnert sich der heutige Verwaltungsratspräsident, habe ihm sein Vater eine äußerlich identische Kopie gezeigt und dabei gelächelt. »Endlich habe ich es begriffen«, soll er gesagt haben. »All die Konkurrenz ist nichts anderes als eine Herausforderung. Die Aufforderung, uns ständig weiter zu verbessern.«

Als die »Goldfischli« die Welt eroberten

Zwar bleibt die Firma ihrem Standort treu, sie entwickelt sich aber stetig weiter, baut die Infrastruktur ebenso aus wie die Auswahl neuer Produkte. Durch die hauseigene Technologieentwicklung und mithilfe eigener Konstruktionen gelingt es Kambly über Jahrzehnte hinweg, an der Spitze der Feingebäckhersteller zu bleiben. Die erfolgreichsten Produkte werden kopiert, das Marktniveau steigt, es kommt zu einem Überangebot und einer Sättigung – der echte Pionier aber ragt immer noch hinaus. Die Spitze immer wieder neu besetzen – es ist der vierte Leitsatz des Unternehmens.

Symptomatisch für die Innovationskraft der zweiten Generation ist die Geschichte der »Goldfischli«. Oscar J. Kambly überlegt sich eines Tages im Jahr 1958, was er seiner Frau, geboren im Tierkreiszeichen des Fisches, zum Geburtstag schenken könnte. Er weiß, sie mag Gebäck. Also zeichnet er einen niedlichen Goldfisch, läuft damit zum Mechaniker, lässt sich von ihm eine Form anfertigen und bringt sie dem Entwicklungs-Confiseur. Noch am selben Tag schenkt Kambly der Zweite seiner Frau frisch gebackene Goldfisch-Snacks. Sie freut sich, doch niemand ahnt: Ihr Mann hat soeben ein Produkt erfunden, das sich weltweit millionenfach verkaufen wird.

Die »Goldfischli« kommen ins Kambly-Sortiment, doch schon bald interessieren sich auch Händler im Ausland für die neuen Snacks. Oscar J. Kambly sieht ein, dass er als kleiner Schweizer Hersteller nicht die Kraft hat, die Produkte im großen Stil im Ausland zu vermarkten, und entscheidet sich für die Vergabe von Lizenzen. 1959 wird der erste Deal mit einem ausländischen Produzenten geschlossen, innert weniger Jahren folgen sechzehn weitere. Zum ersten Mal schafft sich die Firma aus dem Emmental ein internationales Netzwerk, die Goldfischli verkaufen sich millionenfach und Kambly investiert die Lizenzerträge in den Ausbau der eigenen Fabrik. Auch andere Kambly-Produkte werden zu dieser Zeit ins Ausland geliefert – jedoch nur vereinzelt und noch ohne klare Strategie. Der richtige Einstieg ins Exportgeschäft lässt noch auf sich warten.

Vorwärtsstrategie im Ausland

Als Oscar Kambly der Dritte 1981 das Geschäft von seinem Vater übernimmt, erzielt Kambly jährlich 28 Millionen Franken Umsatz. Im Jahr 2014, gut 30 Jahre später, sind es 165 Millionen. Was ist in dieser Zeit geschehen?

In den Jahrzehnten seit dem letzten Generationenwechsel hat sich das Geschäftsfeld von Kambly grundlegend verändert. Aus dem Schweizer Binnenmarkt ist ein weltweiter Markt mit internationaler Konkurrenz geworden. Mit der Globalisierung hat sich die kritische Mindestgröße nach oben verschoben – die Weiterentwicklung in Sachen Technologie, Produktion und Effizienz, die nötig ist, um im internationalen Wettbewerb kompetitiv zu bleiben, sind für einen auf den Schweizer Markt beschränkten Hersteller kaum mehr finanzierbar. »Als lokaler Produzent konnten wir in einer globalisierten Welt nicht bestehen«, fasst Verwaltungsratspräsident Oscar Kambly die Entwicklung zusammen. »Also haben wir systematisch die Auslandmärkte aufgebaut und so unsere Zukunftsfähigkeit sichergestellt.«

Heute macht die Schweiz noch knapp 60 Prozent des Umsatzes aus, über 40 Prozent wird in mehr als 50 Länder auf fünf Kontinenten erwirtschaftet. »Das Erschließen der weltweiten Potenziale ist eine faszinierende Aufgabe«, sagt Oscar A. Kambly. Die Welt umfasse tausendmal die Schweizer Bevölkerung, die Kaufkraft steige vielerorts markant, es gebe immer mehr Städter, längere Lebensdauern, weniger Zeit zum Selberbacken und ein immer größer werdendes Bedürfnis nach Premium-Qualität – »All diese Faktoren entfesseln weltweit eine Dynamik, der man sich in der Schweiz noch kaum bewusst ist«, sagt Oscar Kambly. Eine Dynamik, von der Kambly als internationales Unternehmen profitiert.

Die kleinen Nischen der Welt

Anfang 1980er-Jahre beginnt Kambly mit dem systematischen Export von Biscuits. Die eher zufälligen Exportsendungen in die Nachbarländer werden abgelöst von einer strategischen Zusammenarbeit mit ausgewählten Importeuren und Absatzpartnern. Noch liegt der Fokus auf den europäischen Märkten, schon bald aber wagt das Unternehmen den Schritt über den Atlantik und findet Absatzkanäle in den Agglomerationen der US-Küstenmetropolen. Land für Land baut Kambly fortan das Exportgeschäft aus. Welche Märkte infrage kommen, entscheidet das Unternehmen aufgrund von fünf Hauptkriterien: kulinarische Tradition des Landes, Kaufkraft, Qualität der Vertriebskanäle und Läden, logistische Struktur sowie Rechtssystem. Berücksichtige man alle diese Merkmale, ergebe sich laut Oscar Kambly eine Marktpotential-Weltkarte mit wenigen großen Flächen, die aber voller attraktiver Punkte sei. Da gebe es dann Länder mit großem Potenzial, in denen nur die Agglomerationen gewisser Metropolen und da wiederum nur einzelne Absatzkanäle in ausgewählten Quartieren infrage kommen. »Wir visieren nur Zonen und Läden an, wo sich affine Kunden befinden«, sagt der Verwaltungsratspräsident. »Das ergibt beinahe ein One-to-one-Marketing.«

Der zweite Heimmarkt

Die Analyse neuer Märkte führt das Unternehmen selbst durch, mit Hintergrundrecherchen, persönlichen Gesprächen mit Marktkennern und Trendsettern vor Ort, und: einer großen Portion gesundem Menschenverstand. Dass man sich dabei auch immer mal wieder irrt und falsche Entscheide trifft, verhehlt Oscar Kambly nicht: »Es gibt Länder, da verfehlt man das Bedürfnis, hat den falschen Partner oder ist im falschen Absatzkanal vertreten. Auch Trial und Error gehören zum Exportgeschäft«, sagt der Firmenchef. In den USA etwa versuchte Kambly nach ersten Erfolgen an der West- und Ostküste ins Landesinnere vorzustoßen. Die Markteinführung im Mittleren Westen aber kam zu früh und wurde prompt zum Flopp.

Das absolute Gegenteil ist in Frankreich geschehen. Das Land der Feinschmecker schloss die Kambly-Produkte schnell ins Herz, noch heute ist der französische Markt der einzige im Ausland, den die Firma mit einer eigenen Struktur bedient. »Frankreich ist für uns ein zweiter Heimmarkt«, sagt Oscar A. Kambly. Hier ist man im Premium-Segment Marktführer und beschäftigt in der eigenen Verkaufsorganisation 40 Mitarbeitende. Hier werden von der Kundenbetreuung über den Vertrieb bis zum Marketing alle Abläufe selbst erledigt.

In allen anderen Märkten aber arbeitet Kambly mit Absatzpartnern zusammen, welche das lokale Netzwerk und die Verkaufsstrukturen zur Verfügung stellen. In der Regel sind das ebenfalls Familienunternehmen, mit denen Kambly nicht selten über mehrere Generationen hinweg zusammenarbeitet. Die Auswahl der richtigen Partner ist daher eine große Herausforderung für die Firma. »Sie müssen dasselbe verkörpern wie wir«, sagt Oscar A. Kambly. »Sie müssen auf den Premium-Bereich spezialisiert sein, eine hohe Glaubwürdigkeit aufweisen und natürlich in den richtigen Kanälen tätig sein.« Ist der richtige Partner erst einmal gefunden, wird er eng begleitet. Vertreter von Kambly sind bei den wichtigsten Kundengesprächen dabei, haben Einsicht in die Jahresplanungen, schulen und unterstützen die Distributoren im Verkauf. »Wir müssen die Beziehungen und Netzwerke zu Kunden und Konsumenten so liebevoll pflegen, wie wir Bretzeli backen«, so der Firmenchef. »Schließlich bezahlen sie letztlich unsere Löhne.«

Weitsicht und Umschichtung

Dem ständigen Vorwärtsdrang zum Trotz hat es in der langjährigen Geschichte von Kambly auch Rückschläge gegeben. So musste sich das Unternehmen in der Währungskrise der 1990er-Jahre in mehreren Ländern auf Nischenkanäle zurückziehen, andere Märkte gar ganz verlassen. In Italien etwa war Kambly während Jahren sehr erfolgreich – mit dem Absturz der Lira aber schrumpfte das Geschäft für den Schweizer Hersteller auf einzelne Lieferungen an die teuersten Läden der Großstädte.

Auch heute noch hat das Unternehmen mit dem starken Franken zu kämpfen – um künftige Krisen abzuschwächen, hat in den vergangenen Jahrzehnten eine große Umschichtung der Exportmärkte hin zu Hartwährungsländern stattgefunden. »In unserer Branche sind die Margen schmal«, sagt Verwaltungsratspräsident Oscar A. Kambly. In den letzten 20 Jahren habe sich der Franken zu einzelnen Währungen wichtiger Absatzmärkte um 100 bis 200 Prozent erhöht. »Solche Wechselkursveränderungen können über Sein oder Nichtsein entscheiden.« Viele Märkte in Mittel- und Osteuropa hat Kambly daher aufgegeben und im nahen und fernen Osten neue erschlossen. Man sei äußeren Entwicklungen mit gezielten, strategischen Maßnahmen begegnet, habe große Investitionen in erhöhte Effizienz, Automatisierung und Prozessbeherrschung sowie in werthaltige Innovationen getätigt, und entwickle sich deshalb gut. »Aber die Währung bleibt für uns als Exportunternehmen die größte Herausforderung«, sagt Oscar Kambly. »Unsere Marke international weiterzuentwickeln und den Standort Schweiz in eine sichere Zukunft führen – das ist das Ziel der nächsten Generation.«

Biketec: Pioniere auf dem roten Büffel

Mit der Entwicklung des Flyers leistete die Emmentaler Firma Biketec Pionierarbeit. Mehr als einmal wurde ihr der schnelle Erfolg zum Verhängnis. Nun blickt das Unternehmen zuversichtlich in die Zukunft – dank der Bereitschaft zur Veränderung und starker Präsenz im Export.

Verfehlen kann man ihn schlecht, diesen schwarzen Koloss. Im Huttwiler Industriegebiet, am östlichen Rand des Kantons Bern, steht der Hauptsitz der Biketec AG. Graue Betonpfeiler, schwarze Fassade, darauf in großen Lettern: Flyer. Der Name, der zum Synonym für Elektro-Bikes geworden ist. Das Schweizer Fahrrad, das im umliegenden Europa zum Renner wurde.

Am Anfang dieses Erfolgs steht die Bequemlichkeit. Anfang der 1990er-Jahre wohnt Philippe Kohlbrenner auf der Lueg bei Burgdorf und arbeitet im nahen Oberburg. Von Montag bis Freitag fährt er mit dem Fahrrad hinunter zur Arbeit, am Abend zurück, jeden Tag von Neuem den Hügel hinauf. Es ist auf einer dieser Fahrten, als sich Kohlbrenner die Gedanken macht, die sein Leben verändern. Er will kein Auto kaufen, kein Motorrad – er will aber auch nicht mehr den Hügel hinaufstrampeln. Seine Lösung: ein Fahrrad mit elektrischem Antrieb. Im Schopf neben seinem Haus beginnt Kohlbrenner zu tüfteln. Er probiert aus, testet, schraubt einen Scheibenwischermotor mit Autobatterie an sein rotes Fahrrad – und setzt sich auf das erste funktionierende Elektrovelo der Schweiz. »Roter Büffel« nennt Kohlbrenner seine Erfindung. Gezähmt ist er noch lange nicht.

Zwar fährt Kohlbrenner stolze 200 Kilometer mit seinem neuen Gefährt, doch noch ist das Fahrverhalten nicht optimal, noch ist die Batterie fehleranfällig. Erst mit der Hilfe von Reto Böhlen, Arbeitskollege und Elektroingenieur, gelingt die Produktion eines E-Bikes, das sich ähnlich fahren lässt wie ein herkömmliches Fahrrad. Von ihrer Erfindung sind die beiden dermaßen überzeugt, dass sie einen dritten Mitstreiter an Bord holen und sich selbstständig machen. 1995 entsteht die BK Tech GmbH, bald schon werden die ersten E-Bikes ausgeliefert.

Preise und Kapital für Pioniere

Das E-Bike der Berner ist eine Neuheit in Europa, ähnliche Produkte gibt es zu dieser Zeit vor allem in Japan und auf dem asiatischen Markt. Die Tüftler stellen das gesamte Produkt selbst her, wickeln sogar den Motor von Hand. Aller Mühseligkeit zum Trotz überstehen die Idealisten die erste Phase, setzen vom Flyer Classic mehr als 600 Stück ab und gewinnen den De-Vigier-Jungunternehmerpreis. Mit diesem Support im Rücken geht es zügig vorwärts – zu zügig vielleicht.

Private Investoren wie Phonak-Gründer Andy Rihs oder Ernst Thomke, Miterfinder der Swatch-Uhr, investieren in das Startup, dank Unterstützung der Kommission für Technologie und Innovation können die Gründer zusätzliche Entwickler an Bord holen. In dieser Zeit werden die Maßstäbe gesetzt, die für Biketec noch heute gelten: besserer Motor, besserer Rahmen, neues Design – die Pioniere entwickeln ein Elektrovelo, das höchsten Standards genügen soll. Als es dann im Jahr 2001 endlich so weit ist, als das neue Produkt bereitsteht, beschäftigt die BK Tech AG bereits 30 Mitarbeitende. Sie hat ihren neuen Hauptsitz in der Industriezone von Kirchberg bezogen und wird erstmals von einem vollamtlichen Geschäftsführer geleitet: Kurt Schär, Radioelektroniker mit Marketingerfahrung und Velobegeisterung.

Doch als die Pioniere durchstarten wollen, geht alles schief. Material für 2000 Stück hat die BK Tech AG bestellt – verkauft wird nur ein Bruchteil. Zum einen ist das Wetter schlecht, die gesamte Velobranche leidet. Zum anderen ist die neue Serie weniger ausgereift als erhofft, zahlreiche Kinderkrankheiten sorgen für eine hohe Rücklaufquote und hohe Kosten. Und: Auch die Herstellungskosten fallen deutlich höher aus als erwartet. Um das überzogene Budget auszugleichen, um die Firma zu retten, müssten die Investoren mehr Geld einschießen. Diese jedoch weigern sich. Die BK Tech muss in die Nachlassstundung und entlässt 18 Mitarbeiter. Die Firma ist am Ende – nicht aber die Geschäftsidee.

Neustart mit Kurt Schär

Zusammen mit zwei Partnern übernimmt Kurt Schär das Unternehmen zu einem Spottpreis. Der Geschäftsführer glaubt an die Idee und er glaubt daran, dass man sie besser umsetzen kann. Anders als seine Vorgänger ist Schär ein Marketingmensch. Einer, der genau weiß, wie man ein Produkt verkauft. Um den Flyer wieder auf die richtige Bahn zu bringen, setzt er auf ein überarbeitetes Produkt, eine aggressive Marketingstrategie und eine verstärkte Expansion ins Ausland.

Innert weniger Monate entwickelt die neu gegründete Biketec AG in Kirchberg ein neues Flyer-Modell. Anders als bei den Vorgängern verwenden die Berner Produzenten nun fremde Motoren. Auf der Suche nach einem passenden Partner reist Kurt Schär um die Welt und ist bei Panasonic fündig geworden. Das Produkt der Japaner ist ausgereifter und deutlich günstiger als die Eigenproduktion. Mit der bequemen Sitzposition und dem Tiefeinstieg spricht das neue Modell zudem auch eine ältere Kundschaft an, die mit dem Flyer ihre Mobilität zurückgewinnt. So schafft es Biketec, im ersten Geschäftsjahr rund 800 Stück der C-Serie zu verkaufen.

Ab 2003 setzt die Firma verstärkt auf Kooperationen mit touristischen Partnern und investiert in den Aufbau eines umfassenden Netzes von Miet-Fahrrädern. Zusammen mit der Organisation Rent a Bike werden tausende Flyer an hunderten Stationen in der ganzen Schweiz bereitgestellt. Mit der »Herzroute« erschafft Biketec zudem einen touristischen Fahrradweg, der besonders auf E-Bikes zugeschnitten ist. Durch diese Präsenz und das umfangreiche Angebot steigt die Akzeptanz der elektrischen Fahrräder innert wenigen Jahren merklich an – genauso wie die Bekanntheit der dazugehörigen Marke. In der Schweiz wird der Begriff »Flyer« auf Jahre hinaus zum Synonym für E-Bikes.

Wachstum ins Ausland

Um die Elektrobikes nicht nur zu verkaufen, sondern auch eine angemessene Wartung zu gewährleisten, setzt Kurt Schär auf die enge Zusammenarbeit mit dem Fahrrad-Fachhandel. Biketec liefert das Produkt an den Händler, dieser ist für die sachgemäße Übergabe an den Kunden und allfällige Reparaturen zuständig. Weil die Elektrobikes langsam ihrer Nische entwachsen und die Nachfrage zunimmt, nehmen immer mehr Händler die Flyer ins Sortiment auf.

Diesen Boom und die Tatsache, dass Biketec der Konkurrenz in Europa weit voraus ist, will die Firma auch beim Export nutzen. Von Grund auf muss sie hier ein Distributionsnetz und eine Nachfrage neu aufbauen – die ersten Versuche im Ausland verlaufen dementsprechend wenig koordiniert. Kurt Schär persönlich lädt einige Flyer ins Auto und fährt sie nach Deutschland, um einen Händler nach dem anderen abzuklappern. Die Geschichten, wie Biketec-Mitarbeitende damals Grenzkontrollen umgingen, werden am Hauptsitz in Huttwil noch heute gerne erzählt.

Nach ersten Erfolgen in Deutschland weicht auch hier der improvisierte Export einer klaren Strategie: Da die Schweizer First Mover sind, setzen sie wie bereits im Heimmarkt auf den Tourismus. Über Movelo, das Pendant zu Rent a Bike, werden an zentralen Standorten wie Bahnhöfen oder Hotels Flyer vermietet. Bald kennen auch die Deutschen das Schweizer E-Bike, bald steigt die Nachfrage, mehrere hundert Fachhändler nehmen die Neuheit ins Sortiment auf. Heute zeichnet Deutschland für 50 Prozent des gesamten Biketec-Umsatzes verantwortlich. Die Schweiz macht noch einen Viertel aus.

Kernländer und Exoten

Auf Deutschland folgen Österreich und Holland, beides klassische Fahrradmärkte, in denen der Qualitätsanspruch hoch ist. Dazu kommen weniger bedeutende Länder wie etwa Norwegen, Italien oder Südkorea, wo sich der Export im Aufbau befindet. Grundsätzlich beliefert Biketec seine Partner in den Auslandmärkten direkt – die Ausnahme ist Holland, wo ein Distributor zwischengeschaltet ist. Sowohl in Deutschland als auch in Österreich beschäftigt die Firma Außendienstler, die in Kontakt mit dem Fachhandel stehen. Zudem betreibt sie Niederlassungen, die sich um Flottensupport und Service kümmern.

Dass der Hersteller die Fahrräder direkt an die Händler verkauft, sei betriebswirtschaftlich sinnvoll, sagt Simon Lehmann, heutiger CEO von Biketec. »Die Margen sind nicht groß in unserem Geschäft. Je mehr also mitessen wollen, desto schwieriger wird es für uns.« In einem ersten Schritt könne die Zusammenarbeit mit einem Distributionspartner beim Aufbau des Netzwerks helfen und den Einstieg beschleunigen – längerfristig aber sei es fast eine Notwendigkeit, direkt ins Geschäft einzusteigen oder den Partner zu übernehmen. Biketec bestreitet daher die nahen Märkte selber – Ausnahmen gibt es für exotischere Länder wie etwa Südkorea. Aufgrund der Unterschiede in Kultur, Sprache und beim Kundensegment sowie wegen der fehlenden Netzwerke vor Ort, ist man hier auf Partner angewiesen.

Ende ohne Export?

Nach Meinung von Simon Lehmann kann die Bedeutung des Exports für Biketec nicht hoch genug eingeschätzt werden: »Hätte man damals den Schritt ins Ausland nicht gewagt, wir wären heute bestenfalls ein Kleinbetrieb. Im schlimmsten Fall gäbe es Biketec nicht mehr.« Der Geschäftsführer ist voll des Lobes über die Pionierleistung seiner Vorgänger – er scheut sich aber auch nicht, einen kritischen Blick auf die Vergangenheit zu werfen. Die Tourismuskooperation in der Schweiz und in Deutschland sei eine tolle Strategie gewesen und die Marke habe sich damit sehr erfolgreich entwickelt. »Aber leider war das Geschäftsmodell nicht zu Ende gedacht«, sagt der CEO. Irgendwann seien die Flyer nicht mehr neuwertig gewesen, man habe sie nicht mehr vermieten können, und Käufer für die Occasionen hätten ebenfalls gefehlt. Mehrere tausend Flyer mussten so abgeschrieben werden, Biketec fehlte plötzlich ein Betrag im zweistelligen Millionenbereich. Es kam zur zweiten großen Krise der Firmengeschichte.

Die zweite Krise

Noch 2012 stehen alle Zeichen auf Erfolg. Die Firma hat erstmals über 100 Millionen Franken Umsatz erzielt und 45'000 Flyer verkauft – zehnmal mehr also als sechs Jahre zuvor. Biketec zieht in den Neubau in Huttwil, der wie so vieles im Unternehmen auf Nachhaltigkeit und Ökologie ausgerichtet ist. Schon bald ist auch hier die Produktionskapazität zu klein, man entscheidet sich für einen Ergänzungsbau. Vordergründig läuft alles bestens. Hinter den Kulissen aber, da brodelt es. Wie schon ein gutes Jahrzehnt zuvor wird die Firma Opfer ihres großen Erfolgs. Die Produktionsabläufe entsprechen nicht mehr dem ständig steigenden Volumen, die Wartefristen sind lang, vieles im Betrieb ist improvisiert, läuft noch genauso ab wie in den Gründerjahren der Biketec AG.

Und: Die Emmentaler haben einen großen Teil ihres technischen Vorsprungs auf die Konkurrenz eingebüßt. Große Fahrradhersteller und Newcomer sind gleichermaßen in den Markt eingetreten und wollen ihr Stück vom Kuchen. Das E-Bike ist nicht mehr Innovation, sondern Massenprodukt – die Investitionen der renommierten Velohersteller führen zu einem Preisdruck bis ins oberste Segment. »Die Firma hat sich während Jahren so stark mit dem eigenen Wachstum auseinandergesetzt, dass sie den Blick nach außen vergaß«, sagt Simon Lehmann. »Plötzlich waren da andere E-Bike-Hersteller, die Preise sind gefallen, niemand wollte mehr wochenlang auf einen Flyer warten.«

Diese Entwicklung, kombiniert mit den Abschreibungen bei den Miet-Velos, macht der Biketec AG finanziell zu schaffen. Um ihren Platz auf dem Markt behaupten zu können, braucht die Firma schnell neues Geld – die Ernst-Göhner-Stiftung, bis zu diesem Zeitpunkt Minderheitsaktionärin, reagiert und schießt zusätzliches Kapital ein. Die Gründer aber, die bis dahin die Mehrheit hielten, können nicht mehr mithalten und steigen schrittweise aus. Anfang 2014 gibt Kurt Schär die Geschäftsleitung an den branchenfremden Manager Simon Lehmann ab.

Vom Pionier zum Manager

Für den neuen CEO ist der Prozess, den die Biketec AG durchgemacht hat, eine logische Entwicklung. »Für jede Phase braucht es eine Führung mit anderen Fähigkeiten«, sagt er. Zu Beginn waren das die Tüftler, die der Zeit voraus waren und sich mehr für Technik als Verkaufszahlen interessierten. Dann kam Kurt Schär, der als Pionier Herzblut einbrachte und ein großes Talent fürs Marketing besaß. »Einer, der eine Vision hat und sich von niemandem dreinreden lässt«, so Simon Lehmann. Mit dem Erfolg aber kamen die ersten Fehlentscheidungen. Daher brauche es nach der Pionierzeit eine Phase der Professionalisierung und Strukturierung. Eine Phase, für die der neue CEO steht. Simon Lehmann hat die Prozesse optimiert, interne Strukturen standardisiert, Verträge mit Lieferanten neu verhandelt und das Sortiment überarbeitet. Anders als Kurt Schär konzentriert sich Lehmann in erster Linie auf interne Prozesse, delegiert mehr als der Vorgänger. Er hat einen neuen CFO geholt, zudem ist der ehemalige Chef der Konkurrenzfirma Stromer als Verkaufsleiter zum Unternehmen gestoßen. »Wir haben den klassischen Kulturwechsel von einem Patron zum Management durchlaufen«, sagt Lehmann. Obschon sich viel verändert habe, sei die Fluktuation im Unternehmen tief geblieben. Der Geschäftsführer ist überzeugt, dass es immer Mitarbeitende geben werde, die sich durch Richtungswechsel weiterentwickeln, und solche, die sich nach den guten alten Zeiten sehnen. »Wer sich aber dem Wandel nicht stellt, hat von vornherein verloren.«

Aus der Geschichte gelernt

Dieser Wandel soll vieles betreffen, der Standort in Huttwil jedoch bleibt unangetastet. »In einem solch umkämpften Markt wird das Argument der Swissness immer wichtiger«, sagt der Biketec-CEO. »Besonders im Heimmarkt, aber auch in den neueren Märkten ist das ein gutes Verkaufsargument.« Zwar produziere die Firma nicht in der Schweiz, weder die gewünschten Rahmen noch die nötigen Motoren werden hierzulande hergestellt, die Entwicklung und das Zusammensetzen der Fahrzeuge aber sollen auch in Zukunft in Huttwil stattfinden.

So ist Biketec auch in Zukunft zu Skaleneffekten verdammt. »Um unsere Qualität halten zu können, um konkurrenzfähig zu bleiben, müssen wir weiter wachsen«, sagt Simon Lehmann. Erstmals könnte Biketec nun in Länder vorstoßen, in denen die Firma keine aufwändige Aufklärungsarbeit in Sache Elektrobikes leisten muss. Priorität aber hätten vorerst die Märkte, in denen man bereits vertreten sei. »Bevor wir in die USA oder nach Australien rennen, wollen wir unsere bestehenden Positionen verstärken«, sagt der CEO. In Deutschland etwa, wo Biketec mit 400 von 5000 Händlern zusammenarbeitet, sieht er großes Potenzial. Aber auch in der Schweiz will die Firma weiter wachsen – nicht umsonst bietet sie am Hauptsitz ein umfangreiches Erlebnisprogramm rund um E-Bikes an. Dass die strukturellen Veränderungen im Fahrradmarkt dabei nicht vernachlässigt werden, darauf legt Simon Lehmann ganz besonderen Wert: Neben dem immer wichtiger werdenden Online-Verkauf würden großflächige Fachgeschäfte den kleinen Velohändlern zunehmend den Rang ablaufen. Das Unternehmen will daher die Händler vermehrt unterstützen und ihnen die Mittel geben, um ihre Kundschaft zeitgerecht zu erreichen. »Die Velobranche ist im Umbruch, das müssen wir als Chance verstehen«, sagt der Biketec-Chef. Es scheint, als hätte man in Huttwil aus der Geschichte gelernt.

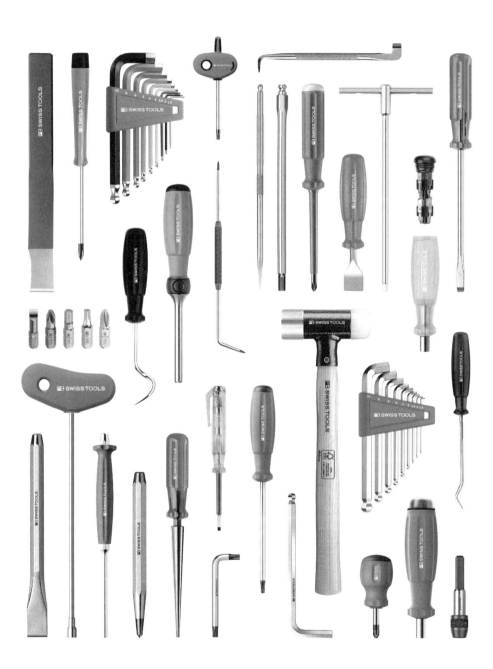

PB Swiss Tools: Von der kleinen Schmiede zu globaler Dominanz

Die Schraubenzieher des Emmentaler Unternehmens PB Swiss Tools werden in aller Welt verkauft. Mit viel Mut und Risiko hat die Firma den Einstieg ins Exportgeschäft geschafft. Mit Weitsicht und Innovation baut sie nun ihre Marktdominanz aus.

Aus der Dorfschmiede ist eine Fabrik geworden, aus dem Einmannbetrieb ein weltbekanntes Unternehmen. Im Dorfteil Wasen in Sumiswald hat sich innert 150 Jahren ein Wandel vollzogen, der alle überrascht hat – Dorfbewohner, Mitarbeiter, und manchmal auch die Geschäftsleitung selbst. Es ist die Geschichte von PB Swiss Tools: der Emmentaler Firma mit dem roten Schraubenzieher.

Ganz am Anfang steht ein Missverständnis. 1878 wird in Wasen eine kleine Schmiede eingerichtet, seit Längerem schon heißt es, dass hier bald der Zug von Bern nach Luzern halten wird. Die Idee hinter der Geschäftsgründung: Wenn die Eisenbahn kommt, wenn Wasen und das nahe Sumiswald zum Handelszentrum werden, dann blüht auch das Geschäft mit dem Eisen. Doch es kommt anders, die Bahn bleibt aus. Dennoch kann sich die Schmiede etablieren, produziert für die nahen Betriebe, Nasenringe für Ochsen, Schwingbesen, Mausefallen, macht sich mit guter Arbeit einen Namen über die Gemeindegrenzen hinaus.

Alles oder nichts

1916 übernimmt Paul Baumann den Betrieb und gründet die PB Baumann GmbH. Als während des Zweiten Weltkriegs die Grenzen geschlossen werden, als es an Rohstoffen fehlt und viele Firmen ums Überleben kämpfen, hat die Firma Glück. Sie erhält vom Militär einen Produktionsauftrag und damit auch heiß begehrte Materialien. 1939 tritt Max Baumann in die Firma ein, nur ein Jahr später fragt die Armee erstmals Schraubenzieher nach. In der Schmiede wird getüftelt und gearbeitet, schnell stehen die ersten Produkte zur Auslieferung bereit. Die Baumanns aber geben sich damit nicht zufrieden. Bald finden sie das optimale Material für die Klinge, die optimale Wärmebehandlung, nur der Griff des Werkzeugs, dessen Ergonomie und Stabilität, bleibt ein Knackpunkt. So beginnt die Suche nach dem perfekten Schraubenzieher, dem perfekten Werkzeug. Es ist der Grundgedanke, der die Firma bis heute antreibt.

Paul Baumann weiß, dass es in den USA hervorragende Schraubenzieher gibt, deren Griffe aus einem Kunststoff gefertigt sind, der kaum kaputtzukriegen ist. Die Verwendung dieses Cellulose-Aceto-Butyrats aber bedingt ein spezielles Spritzgießverfahren, und das wiederum ist nur mit entsprechenden Maschinen möglich. Also lässt sich Paul Baumann die englischen Anleitungen schicken, übersetzt sie in langen Nächten mithilfe des Dorflehrers – und gibt ein halbes Jahreseinkommen aus, um sich eine Maschine aus den USA liefern zu lassen. Er weiß: Bringt er den neuen Griff hin, kann das der Beginn einer ganz großen Sache werden. Schafft er es nicht, war alles für die Katz.

Geniale Exportstrategie

Baumanns Risiko zahlt sich aus. 1953 entsteht in Wasen im Emmental der erste Butyrat-Schraubenzieher Europas – der Griff ist stabiler als alle bisherigen Produkte. Max Baumann aber begnügt sich nicht mit dem technischen Erfolg, er will ihn wirtschaftlich veredeln. So lässt er den Griff nicht patentieren, sondern registriert eine europäische Norm und deponiert diese in Paris. Schnell spricht sich die Neuheit in Fachkreisen herum und weckt Interesse in den umliegenden Ländern. Der Schraubenzieher wird nachgefragt, Konkurrenten versuchen zu reproduzieren – und scheitern. Noch heute ist der Klassiker PB Nr. 100 eines der meistverkauften Produkte der Emmentaler Firma. Der Grundstein für das Exportgeschäft ist gelegt.

In den 1950er-Jahren verkauft die PB Baumann GmbH ihre Produkte erstmals nach Italien, Frankreich, Deutschland und Österreich. Bald kommen auch die USA und Länder in Asien dazu. Ist Paul Baumann zu Anfangszeiten noch mit dem Fahrrad durch die Schweiz geradelt, um seine Produkte anzupreisen, treten jetzt Interessenten von sich aus an die Firma heran. Durch das positive Image der Firma und die Kommunikation unter den Profis interessieren sich immer mehr Fachhändler für die Ware aus dem Emmental.

So erblickt etwa ein Japanischer Unternehmer Ende der 50er-Jahre die Schraubenzieher in einem Genfer Fachgeschäft. Er ist beeindruckt vom Produkt, der Präzision, ganz besonders aber vom ungewohnten Glanz der Klinge. Also reist er nach Wasen, klopft an die Tür der 1947 errichteten Fabrik und bringt sein Anliegen vor. Mit Händen und Füßen erklärt er sich: Der Händler möchte die Schraubenzieher in Japan verkaufen und erhofft sich Unterstützung bei seiner nächsten Ausstellung. Die Emmentaler beraten sich, sagen zu und bringen so den Stein ins Rollen. Heute ist Japan einer der wichtigsten Märkte im Ausland.

Von der Gelegenheit zur Strategie

Während Jahrzehnten geht PB Swiss Tools im Export opportunistisch vor, ergreift die Gelegenheiten zum Wachstum, wo sie sich gerade bieten. Das ändert sich erst Anfang der 1990er-Jahre, als die Firma beginnt, systematischer auf Marketingkonzepte und Marktuntersuchungen zu setzen. Auch die Zusammenarbeit mit den Partnern im Ausland verändert sich jetzt. Schloss man in den Anfängen vor allem Exklusivverträge ab, wird nun mittels Analysen festgestellt, welcher Partner in welchem Kanal am besten vertreten ist. Je nach Potenzial werden so Importeure gezielt unterstützt und aufgebaut, andere mit Konkurrenz im eigenen Land konfrontiert. In Japan arbeitet PB Swiss Tools noch heute mit der Firma Kiichi Tools zusammen, die vom Enkel des Unternehmers geführt wird, der damals von Genf ins Emmental reiste. Daneben aber baut die Firma einen zweiten Distributor auf, der seine Stärken in anderen Verkaufskanälen hat. Vorbild für dieses Modell ist der Heimmarkt, in dem das Unternehmen durch das Bespielen der verschiedenen Kanäle eine hohe Durchdringung erreicht hat: In der Schweiz arbeitet PB Swiss Tools mit Industriefachhändlern zusammen, die direkt an die Industrie liefern; mit Grossisten, die Fachhändler bedienen; und mit Detailhändlern, die auch Heimwerker ansprechen. Nur so kann die volle Breite des Kundenspektrums abgedeckt werden.

Es ist das Jahr 1981, als Max Baumann die Geschäftsleitung an Max Baumann Junior abgibt. Fünfzehn Jahre später tritt auch die Frau des Sohnes, Eva Jaisli, in die Geschäftsleitung ein und übernimmt die Position des CEO. Zusammen mit Max Baumann junior, der nun als Technischer Leiter amtet, führt sie das Unternehmen bis heute – mit eindrücklichem Ergebnis. Nicht lange nach ihrem Stellenantritt lässt Eva Jaisli eine Umfrage bei den ausländischen Kunden durchführen, um herauszufinden, aus welchen Gründen diese die Emmentaler Werkzeuge nachfragen. Das Resultat überrascht auch die Geschäftsleitung selbst – die meisten Befragten halten fest: Es sind Schweizer Produkte und sie überzeugen uns. Also unterzieht Eva Jaisli das Unternehmen einem Rebranding, nimmt den Familiennamen aus dem Firmennamen raus und betont das, was für viele Kunden so wichtig ist: die Swissness. »Natürlich ist ein gutes Produkt noch immer die beste Werbung«, sagt die Geschäftsführerin zum neuen Fokus. »Wenn aber zusätzlich der Name Schweiz auftaucht, ist das ein Garant für Qualität.« So wird aus der PB Baumann GmbH die PB Swiss Tools AG.

Sonderwünsche aus Japan

Heute verkauft PB Swiss Tools Produkte in über 70 Ländern. Neben dem klassischen Schraubenzieher umfasst das Sortiment Winkelschraubenzieher, Schlagwerkzeuge und seit Kurzem auch medizinische Instrumente. Jedes Jahr kommen Neuheiten oder Weiterentwicklungen dazu. Der Eintritt in neue Märkte wird von der Kultur des jeweiligen Landes beeinflusst – gewisse Abläufe aber ähneln sich, die entscheidenden Fragen sind stets dieselben: Was sind die Erwartungen des Unternehmens? Können diese im neuen Markt erfüllt werden? Passen die Produkte zum neuen Markt oder braucht es eine Erweiterung des Sortiments? So kommt es vor, dass für einzelne Märkte besondere Produkte entwickelt werden. Einen weißen Griff für den japanischen Markt zum Beispiel, weil weiß dort als reine, exklusivere Farbe gilt. »Durch unsere Partner im Ausland lernen wir viel über die Exportmärkte«, sagt Eva Jaisli. »Das sind Werte, Kulturen oder Marktbegebenheiten, die wir sonst kaum verstehen könnten.« Es sei daher wichtig, dass die eigenen Mitarbeiter viel unterwegs seien, dass immer wieder das Gespräch mit den Endkunden gesucht wird. So kann die Firma rechtzeitig auf die Bedürfnisse der einzelnen Märkte reagieren – und wo immer nötig das Sortiment ergänzen oder Produkte weiterentwickeln.

Ohne Partner kein Geschäft

In welche Länder PB Swiss Tools expandiert, hängt stark von der Entwicklung der Industriebranche ab. Wandern europäische Industriebetriebe in andere Länder ab, folgt ihnen die Emmentaler Firma nicht selten ins neue Produktionsland. »Gehen wir mit, können wir uns gegenüber abnehmenden Märkten absichern«, sagt Eva Jaisli. »Machen wir die Bewegung nicht, verlieren wir unsere Kunden am neuen Produktionsstandort.« Siedelt sich eine Firma etwa in Indonesien an, klärt PB Swiss Tools ab, ob der dortige Markt reif ist. Gibt es genügend europäische Industriebetriebe, die ein genügend großes Volumen an Werkzeugen nachfragen, ist das attraktiv für die Firma. Dann beginnt die Suche nach dem Partner vor Ort.

Bei der Analyse der Distributoren geht es vor allem darum abzuklären, ob diese bezüglich Strategie, Sortiment und Preissegment zur Firma passen. »In der Regel werden wir als High-End-Marke wahrgenommen«, sagt Eva Jaisli. »Deshalb ist es für uns wichtig, dass der Partner uns entsprechend positioniert.« Hat sich die Firma einmal für einen Distributor entschieden, geht es an die Unterstützung des Markenaufbaus. Über Platzierungen in den Katalogen, Investitionen in Messen oder andere Marketingmaßnahmen nimmt PB Swiss Tools Einfluss auf die Entwicklung – wie intensiv der Partner unterstützt wird, hängt vom Potenzial des Marktes ab. Von Beginn weg fallen so zwar Investitionen an, das Risiko aber ist deutlich kleiner, als wenn man eine eigene Infrastruktur vor Ort aufbauen würde.

Die Tatsache, dass die Firma mit einer Ausnahme keine Verkaufsgesellschaften im Ausland gründet, hat aber auch mit der Art der Nachfrage zu tun: Die Endkunden wollen ihre Werkzeuge nicht einzeln bei den verschiedenen Produzenten einkaufen – beim Vollsortimenter finden sie alles, was sie brauchen.

Wachstum als Ausweg

Entscheidend für die Zukunft der Firma ist, dass die Produktivität weiter steigt und dass die Arbeitsprozesse immer wieder überprüft und optimiert werden. »Das ist ein kontinuierlicher Weg mit kleinen Schritten«, sagt Geschäftsführerin Eva Jaisli. Was die Richtung angeht, in die sich PB Swiss Tools entwickeln soll, äußert sie sich unmissverständlich: »Wir wollen weiter wachsen. Um eine Marke positionieren zu können, ist eine weltweite Präsenz heute unabdingbar.« Zusätzliche Brisanz erhalte das Thema Wachstum, wenn der Schweizer Franken weiterhin so stark bleibe, so Jaisli. Die Rechnung ist einfach: Gewinnt der

Franken an Wert, muss die Firma mehr Schraubenzieher zu tieferen Preisen verkaufen, um auf dem Vorjahresumsatz zu bleiben. »Wir brauchen also eine höhere Markdurchdringung und müssen Erweiterungen realisieren«, sagt Eva Jaisli. Indonesien zum Beispiel sei ein interessanter Markt, aber auch die Philippinen oder Kanada wolle man analysieren. Wohin es geht, wird sich zeigen. Klar ist: Der Siegeszug des Emmentaler Schraubenziehers ist nicht vorbei.

Kuhn Rikon: Mit Volldampf in den Export

Mit dem Duromatic hat Kuhn Rikon die Schweizer Küchen erobert – und den Dampfkoch-
topf in mehr als vierzig Ländern etabliert. Möglich wurde dieser Erfolg dank einer gelungenen
Exportstrategie, einer Prise Glück und vor allem: den richtigen Partnern.

180 Mitarbeiter, Export in über 40 Länder – so weit es die Firma Kuhn Rikon
auch gebracht hat, so eng verknüpft ist ihr Schicksal mit einer großen Erfindung.
In Rikon im Kanton Zürich, ganz nahe des Flusses Töss, steht auffallend rot ein
Fabrikgebäude. »Pfanni« wird der Bau liebevoll genannt, wie bereits vor mehr als
sechzig Jahren wird hier der Duromatic Dampfkochtopf produziert – ein Stück
Schweizer Wirtschaftsgeschichte, stetig weiterentwickelt bis zur Perfektion.

In der Geschichte der Kuhn Rikon AG gilt der Dampfkochtopf als zentrale
Innovation – die einzige ist er aber bei weitem nicht. Ursprünglich als Spinnerei gegründet, wird die Fabrik im Tösstal 1926 vom Bergwerksingenieur
Heinrich Kuhn übernommen. Der Tüftler aus Fehraltorf hegt beim Kauf
große Pläne, will Neues erschaffen. Viel Potenzial sieht er vor allem in der
Produktion von Kochgeschirr: Es ist die Zeit, in der auf verbeulten Pfan-
nen über dem Feuer gekocht wird, in der die Form der Topfböden noch
kaum eine Rolle spielt. Mit der Erfindung der ersten Elektroherde Ende der
1920er-Jahre aber reicht das alte Geschirr nicht mehr aus, es passt nicht auf
die flachen Gussplatten. So entwickelt und produziert Heinrich Kuhn unter
der Eigenmarke »Duro« als Erster spezifisches Geschirr für die Elektroherde: Töpfe mit ebenem Boden.

Die Kochtopf-Revolution

Der Hang zur Innovation prägt auch den weiteren Weg der Firma – bald jedoch
unter einem neuen Geschäftsführer. Gründervater Heinrich Kuhn stirbt 1932
an einem Hirntumor, Sohn Henri muss kurz vor der Matura die Schule verlassen
und als 19-Jähriger die Firma übernehmen. In weiser Voraussicht lässt Henri
Kuhn seinen Bruder Jacques die Matur absolvieren und studieren. An der ETH
bildet Jacques sich zum Maschineningenieur aus, reist in die USA und vertieft

sein Wissen in den Bereichen Metallverformung und Werkzeugbau. 1947 kehrt er voller Ideen und großer Pläne in die Schweiz zurück. Sein Ziel: Er will den Dampfkochtopf revolutionieren.

Die Geräte sind zu dieser Zeit bereits in vielen Schweizer Haushalten vertreten, doch noch sind sie mit komplexen Schrauben- oder Klammerverschlüssen versehen, noch sind sie schwierig zu reinigen und gar gefährlich: Kommt es zu einem Überdruck und funktionieren die Verschlüsse nicht, können die Kochtöpfe explodieren. Nicht so Jacques Kuhns Erfindung: Im Zentrum des neuen Produkts stehen ein Sicherheitsventil, das mit einer kleinen Metallfeder gesteuert wird, sowie ein neuer Verschluss, der nicht nur sicher und einfach zu handhaben ist, sondern auch günstig hergestellt werden kann – alles Vorteile, die der Kundschaft nicht lange verborgen bleiben.

Kampf mit der Marke

Als der Duromatic erstmals ausgeliefert wird, ist er eines von zwanzig Modellen auf dem Schweizer Markt. Doch der neue Dampfkochtopf erobert die Regale der Fachhändler und Kaufhäuser im Eiltempo: Bereits 1970 gibt es nur noch zwei Schweizer Konkurrenzprodukte, das letzte Modell, das vom Markt verdrängt wird, ist ein Dampfkochtopf von Sigg in den 90er-Jahren.

Der Siegeszug des Duromatics hat aber auch seine Schattenseiten. Wie bei Kleenex oder Oropax, deren Namen zum Inbegriff des jeweiligen Produktes wurden, verliert auch Kuhn Rikon immer mehr die Deutungsmacht über die eigene Marke. »Wer im Laden einen Duro bestellte, erhielt vom Verkäufer irgendeinen Dampfkochtopf einer beliebigen Marke«, erinnert sich Wolfgang Auwärter-Kuhn, ehemaliger Geschäftsführer sowie Verwaltungsratspräsident der Firma und Schwiegersohn von Henri Kuhn. Die Marke wird über die Jahre hinweg zum Produkt, das Produkt zur Marke. 1975 entscheidet sich die Firma deshalb, die Produkte nicht mehr unter dem Namen Duro, sondern unter der Marke »Kuhn Rikon« zu verkaufen. Diese Namensänderung in den Köpfen der Kundschaft zu verankern, bedingt eine enorme Marketingleistung – trotz neuer Slogans und starker Fernsehpräsenz dauert der Wandel gut 15 Jahre.

Der Schritt ins Ausland

Parallel zum Siegeszug des Duromatics in der Schweiz entscheiden sich die Gebrüder Kuhn, ins Ausland zu expandieren. Einerseits wird der Schweizer Markt langsam zu klein, andererseits sind die Firmenchefs überzeugt, dass ihre Innovation auch in anderen Ländern einschlagen wird. Doch in den 50er-Jahren sind die Zollschranken für den Export von Dampfkochtöpfen noch abschreckend hoch, zudem ist der Transport umständlich, nach dem Zweiten Weltkrieg sind die europäischen Grenzen für Handelswaren nur mühsam zu überwinden. Also entscheiden sich die Kuhns, Lizenzen an ausgewählte Firmen im benachbarten Ausland zu vergeben. Die Partner fertigen die Produkte in ihren Heimmärkten an, das Herzstück der Töpfe aber, das gefederte Sicherheitsventil, kommt exklusiv aus der Schweiz.

In den 60er-Jahren, als der Transport weltweit einfacher und günstiger wird, geht der Export in die zweite Phase über: Kuhn Rikon expandiert nun in Länder, die nicht direkt an die Schweiz grenzen; als einen der ersten großen Märkte wählt das Unternehmen den Iran. Auch Länder wie Libanon oder Ägypten, in denen viel Kichererbsen, Bohnen oder Linsen gegessen werden, stehen im Fokus des Unternehmens. »Im Nahen Osten gab es mehrere gute Kandidaten für den Duromatic«, sagt Wolfgang Auwärter-Kuhn. »Die traditionellen Gerichte müssen dort tendenziell lange gegart werden.« Für den Iran aber spricht zusätzlich die Topografie: Viele große Städte, Teheran etwa, Isfahan oder Shiraz, liegen ungefähr 1500 Metern über Meer. Weil der Siedepunkt von Wasser durch die Höhe beeinflusst wird, gart ein Eintopf hier langsamer als in tieferen Regionen – mit der Siedetemperatur von 120 Grad kann ein Dampfkochtopf diesen Prozess deutlich beschleunigen.

Herzblut und Kompetenz

In den folgenden Jahren taucht immer wieder ein Schlüsselelement auf, das die Auswahl der Exportländer maßgeblich beeinflusst: Personen mit viel Herzblut und der entsprechenden Kompetenz, die am richtigen Ort zur richtigen Zeit sind. So zum Beispiel beim Einstieg in Taiwan im Jahr 2001. Eine Mitarbeiterin des Vertreters in Taiwan ist mit ihrem Job unzufrieden und will sich selbstständig machen. Nachdem sie und ihre Familie erstes Startkapital beschafft haben, klopft die Taiwanesin bei Kuhn Rikon an und macht der Firma ein Angebot: Sie will die exklusive Vertretung in Taiwan übernehmen und die Marke aufbauen. »Wir haben keine zwei Minuten gezögert«, sagt Auwärter-Kuhn im Rückblick. »Wir kannten die Frau von früher und haben ihr einen Exklusivvertrag gegeben.« Heute ist Taiwan einer der besten Absatzmärkte weltweit.

Auch bei der Expansion in die USA spielt die persönliche Komponente eine große Rolle. Rudy Keller, ein ehemaliger Lehrling der Firma, wandert 1988 nach Kalifornien aus und sucht in seiner neuen Umgebung einen Nebenjob. So trifft er auf den Iraner, der für Kuhn Rikon den Markt im Iran aufgebaut hatte, nach der islamischen Revolution aber flüchten musste. Dieser verfügt bereits über einen Vertrag mit Kuhn Rikon, der ihm erlaubt, die Produkte in den USA zu vertreiben – Keller aber erkennt die Schwächen seiner Vertriebsstrategie, die im Iran zwar funktioniert hat, in den USA aber scheitert. Der ehemalige Lehrling gründet nach Rücksprache mit der Muttergesellschaft eine eigene Kuhn-Rikon-Gesellschaft in Kalifornien. Er investiert seine ganzen Ersparnisse in die Firma, nimmt Schulden bei seinen Verwandten auf und bringt genügend Geld zusammen für den Neustart. Das Risiko soll sich bald lohnen. Keller gelingen erste Coups, er kann der Konkurrenz wichtige Verkäufer abwerben und bedient als einer der Ersten die Internet- und Fernsehkanäle. So wächst der Absatz in den USA von Jahr zu Jahr – heute ist es weltweit der wichtigste Markt für Kuhn Rikon.

Die Patentprobleme

Neben den Erfolgen erlebt das Unternehmen im Exportgeschäft aber auch immer mal wieder Rückschläge. Probleme bereiten etwa die Patente, die in den 1970er-Jahren ablaufen. Da die ehemaligen Lizenznehmer die Produkte nun selbstständig herstellen können, werden sie für Kuhn Rikon in den Nachbarländern zu den härtesten Konkurrenten. Gegen die neue Konkurrenz wehren kann sich Kuhn Rikon nur mittels Direktvertrieb und höherem Marketingaufwand. Mitarbeiter demonstrieren die Produkte bei Interessenten zu Hause, in Restaurants, Läden und auf Märkten. Oder sie führen Kunden zu Busreisen aus und präsentierten unterwegs die neusten Kochtöpfe – vor allem in Deutschland hat die Firma damit Erfolg.

Doch nicht nur im Ausland, sondern auch zu Hause in der Schweiz kämpft Kuhn Rikon mit Herausforderungen. So stellt sich etwa die durchschnittliche Lebensdauer eines Duromatics von bis zu fünfzig Jahren als nicht ideal heraus, um weitere Töpfe an den gleichen Kunden zu verkaufen. Aus diesem Grund beschließt das Unternehmen, sein Sortiment auf andere Küchenaccessoires auszuweiten: Messer, Büchsenöffner, Zapfenzieher und Spachtel werden ebenso verkauft wie die doppelwandigen Töpfe »Durotherm« und »Hot Pan« oder Fondue-Caquelons. Inspiration für neue Produkte holt sich das Mutterunternehmen dabei auch aus den Exportländern. So gelangt etwa in den USA ein Tüftler mit der Idee an die Firma, Messer mit farbigen Klingen herzustellen. Er hat ein Verfahren entwickelt, mit dem man die Klingen farbig teflonisieren und so auch das Kleben von Speiserückständen verhindern kann. Kuhn Rikon lässt sich auf das Unterfangen ein – und verkauft die farbigen Messer in großen Mengen.

Qualität aus der Schweiz

Trotz der stabilen Präsenz als Nischenanbieter im ausländischen Topsegment bleibt Kuhn Rikon den Schweizer Wurzeln treu. Rund die Hälfte der Produkte wird weiterhin in der Fabrik im Tösstal hergestellt, die andere Hälfte im Ausland. Entwickelt wird alles in der Schweiz: Sämtliche Innovationen stammen aus dem Firmensitz, ebenso das Design der Produkte.

Bis heute ist die Innovation für Kuhn Rikon ein wichtiger Teil der Firmenphilosophie. Die ganz großen Erfindungen aber, wie etwa der Duromatic in den 1950er-Jahren oder das Doppelwandsortiment Durotherm in den 1980er-Jahren, lassen sich nicht einfach aus dem Ärmel schütteln. »Unsere Entwicklungen gehen in viel größeren zeitlichen Sequenzen vonstatten als etwa in der IT-Branche«, sagt Auwärter-Kuhn. Dennoch sieht der ehemalige Patron jede Menge Möglichkeiten zur Weiterentwicklung der Firma. Im Bereich der elektronischen Smart Technology etwa hat Kuhn Rikon den Dampfkochtopf Duromatic Comfort lanciert, der Kochanleitungen aus dem Internet herunterladen kann. Hat der Benutzer ein Rezept ausgewählt und den Topf mit den entsprechenden Zutaten gefüllt, verschließt er ihn und schaltet den Herd an. Den Rest macht das intelligente Kochgeschirr. Es weiß, wie lange es kochen muss, und teilt dem Koch per App mit, wann die Temperatur reduziert werden soll und wann das Essen fertig ist – der Tüftler Jacques Kuhn hätte ohne Zweifel seine Freude an der Innovation. Dazu passt auch, dass sich die Ziele der Firma in all den Jahrzehnten seit der Gründung nur geringfügig verändert haben. Noch immer gelte der Leitsatz »In jeder Küche wird mit Kuhn Rikon gekocht«, sagt Auwärter-Kuhn. Und fügt dann mit einem Schmunzeln an: »Dass damit nicht nur die Schweizer Küchen gemeint sind, ist ja wohl klar.«

Mammut: Wie ein Schweizer Rüsseltier die Welt erobert

»Ohne Export gäbe es uns nicht mehr«, sagt Mammut-CEO Rolf Schmid. Der Werdegang seines Unternehmens, von der kleinen Seilerei zum weltbekannten Outdoor-Spezialisten, ist eine faszinierende Geschichte zwischen Krise und Erfolg.

Schwarz auf Rot prangt das Mammut an der Fassade. Etwas Robustes scheint in diesem schlichten Gebäudekomplex zu Hause zu sein – etwas von Bestand. Im Industriegebiet Birren, zwischen Lenzburg und Seon, steht der Hauptsitz der Mammut Sports Group. Von hier aus operiert das Schweizer Traditionsunternehmen, 600 Mitarbeitende, weltweit bekannt für qualitativ hochstehende Outdoor-Bekleidung und robuste Bergseile. Hier nahm die Erfolgsgeschichte vor 153 Jahren ihren Anfang – im nahen Dörfchen Dintikon, nur drei Kilometer entfernt.

Krisen, Fleiß und Glück

Es ist das Jahr 1862, als sich Kaspar Tanner nach einer dreijährigen Lehre zum Seiler selbstständig macht. In einem kleinen Holzschuppen im aargauischen Dintikon fertigt er Seile für die Landwirtschaft an, zwirnt Tag für Tag, ernährt so seine siebenköpfige Familie. Die Handwerksbetriebe in der Schweiz leiden zu dieser Zeit unter der Konkurrenz durch die aufkommenden Fabriken, unter den Kosten der Mechanisierung. Kaspar Tanner aber setzt sich durch, zieht 1878 mit seiner Familie nach Lenzburg und errichtet neben seiner neuen Wohnung eine Seilerbahn, die ihm die Arbeit erleichtert. Mit viel Fleiß und Ehrgeiz wird der Kundenstamm ausgebaut. Das junge Unternehmen übersteht die Krise.

Die nächste schwierige Situation beginnt mit dem Ersten Weltkrieg. Kaspar Tanners Sohn Oscar spielt zu diesem Zeitpunkt bereits eine wichtige Rolle im Betrieb – er hat die Modernisierung des Betriebs vorangetrieben, 1897 das operative Geschäft übernommen und zusätzliche Kunden in Landwirtschaft und Industrie angeworben. Dann kommt der Krieg und mit ihm eine Rohstoffknappheit, die manch kleinen Betrieb an den Rand des Konkurses treibt. Tanners aber haben das nötige Quäntchen Glück: Weil sie die Eidgenössische Kriegsmaterialverwaltung zur Kundschaft zählen, werden sie weiterhin mit dem Rohstoff Hanf versorgt. So entwickelt sich der Handwerksbetrieb zum florierenden Unternehmen, wird 1919 zur Seilerwarenfabrik Lenzburg und geht an die Schweizerische Bindfadenfabrik in Flurlingen über. Oscar Tanner bleibt der Firma als Direktor treu.

Das Mammut taucht auf

Auch die dritte Krise bewältigt das Unternehmen im Vorwärtsgang. Weil die Nachfrage in der Landwirtschaft abnimmt, sieht sich die Seilerwarenfabrik gezwungen, neue Absatzgebiete zu erschließen. Einerseits ermöglicht ihr die Mechanisierung die Produktion größerer Mengen, andererseits entdeckt das Unternehmen eine neue Nische für sich: Bergseile, aufwendiger und teurer produziert als die Seile für Landwirtschaft und Industrie, werden immer öfter nachgefragt. Ein Hanfseil, das reißen kann und einen Sturz kaum abdämpft, reicht den Bergsteigern nicht mehr. Also entwickelt das Unternehmen dynamische Seile aus Kunstfasern, die in der Bergsportszene schnell einen guten Ruf genießen. Das Seil »Mammut Everest« besteht erstmals aus einem Kern von mehreren Seilen, um den ein weiteres Seil geflochten wird. Um die Qualität der Produkteserie zu markieren, werden Gütesiegel mit dem Bild eines Mammuts befestigt – das Firmenlogo ist geboren.

Hinaus in die Welt

Damit aber brechen keine ruhigen Zeiten an. Im Gegenteil. In den 1960er- und 70er-Jahren kämpfen viele Produktionsbetriebe in der Schweiz ums Überleben, manche stellen den Betrieb ganz ein. Die damalige Seilerfabrik erkennt die Zeichen der Zeit und wird erstmals im Export tätig. »Hätten wir weiterhin nur für die Schweiz produziert, wäre das Volumen zu klein gewesen«, sagt Rolf G. Schmid, heutiger Mammut-CEO im Rückblick. »Weil Bergsport früh ein internationales Thema war, gingen wir in die Welt hinaus.« In der Nische der Industrieseile und Gurte, später auch der Bergseile, gibt es zu dieser Zeit wenig internationale Konkurrenz. Schnell erschließt das Unternehmen neue Märkte. In Deutschland beschäftigt Mammut während einigen Jahren einen unabhängigen Handelsvertreter, gründet dann die erste Tochterfirma. Eine kleine Seilherstellung vor Ort wird gekauft, geschlossen, die Produktion in die Schweiz verlegt

– das Verkaufsnetzwerk aber, welches die Deutschen in ihrem Land aufgebaut haben, bleibt der Firma erhalten.

Nach ersten Erfolgen in Deutschland geht das Unternehmen opportunistisch vor. An Fachmessen trifft man Interessenten aus ganz Europa, knüpft Kontakte und exportiert an ausgewählte Partner. Außendienstmitarbeiter, Agenten oder Importeure vertreiben die Mammut-Produkte – für den Exporteur sind Volumen, Aufwendungen und Risiko zu diesem Zeitpunkt noch gering.

Die Schweizer kaufen ein

Im gleichen Zeitraum erweitert die Firma ihre Kollektion im Sport- und Outdoorbereich, indem sie Produkte aus dem Ausland in die Schweiz importiert. Rucksäcke, Bekleidungsstücke und Skis ergänzen das Sortiment, das Vertreter zusammen mit den Mammut-Seilen dem Fachhandel anbieten. Bald schon jedoch stellt sich heraus, dass diesem Geschäft ein bedeutendes Risiko zugrunde liegt: Verkauft sich ein importiertes Produkt schlecht, verdient das Unternehmen nichts – läuft es jedoch zu gut, übernimmt früher oder später der Hersteller den Vertrieb in der Schweiz. »Ein paar Mal haben wir auf diese Weise eine Marke verloren, die wir aufwendig aufgebaut hatten«, sagt Rolf Schmid. »Also entschieden wir, gezielt Lieferanten aufzukaufen.« Erst übernimmt Mammut die Rucksäcke von Fürst, dann die Bergschuhe von Raichle und die Schlafsäcke von Ajungilak. Später kommen eigene Bekleidungsstücke sowie Outdoor-Geräte hinzu. Innert weniger Jahre entwickelt sich die Firma zum Komplettanbieter mit abgerundetem Sortiment. Mit den neuen Marken eröffnen sich neue Absatzmärkte im Ausland. Es beginnt die zweite, gewichtigere Export-Phase von Mammut. Eine Erfolgsgeschichte, an deren Anfang – wie könnte es anders sein – eine Krise steht.

Riskante Neuausrichtung

Anfang der 90er-Jahre lässt Mammut den heutigen Hauptsitz im Industriegebiet Birren errichten. »Die größeren Gebäude waren nötig für die Expansionsstrategie«, sagt Rolf Schmid, der 1996 zur Firma stieß. Es stellte sich aber bald heraus, dass man sich übernommen hat. Nicht nur ist das Gebäude zu teuer, auch die

Zusammenlegung der Außenstandorte bereitet Probleme, zahlreiche Mitarbeiter kündigen ihre Stelle. »Wir haben damals viel Geld verloren«, so Schmid. »Es wurde Zeit für einen Richtungswechsel.« Also wagt Mammut Ende der 90er-Jahre einen riskanten Schritt, der zum Niedergang der Firma führen könnte, aber auch zu deren Rettung. Unter Schmids Führung wird die Industriesparte abgestoßen und der Fokus ausschließlich auf das Sportgeschäft gelegt. »Wir sagten uns: Dort sind wir Weltmeister, dort müssen wir investieren«, erinnert sich der CEO. Indem das Unternehmen mit der Vergangenheit bricht, macht es den Weg frei für eine erfolgreiche Zukunft.

Export mit Partner

Unter dem Namen Mammut AG und seit 1982 im Besitz der Industriegruppe Conzzeta, stößt das Unternehmen in einen Markt nach dem anderen vor. Den Markteintritt realisiert die Firma dabei immer erst im kleinen Rahmen mithilfe eines lokalen Importeurs, eines Distributors oder eines Agenten. An dieser Vorgehensweise hat sich bis heute nichts geändert: »Aktuell planen wir, in Taiwan einzusteigen. Also suchen wir einen Partner, der die Gegebenheiten kennt und über eine Struktur vor Ort verfügt«, sagt Rolf G. Schmid. Der Importeur verkauft über den Fachhandel oder die eigenen Läden die Mammut-Produkte, trägt die Kosten für den Aufbau der Organisation und zu einem guten Teil auch das Risiko. »Wenn man Glück hat, erwischt man einen Partner, der Gas gibt und einen guten Vertrieb macht«, so Schmid. Je nach Potenzial des Marktes folge dann der Schritt, den Mammut Jahrzehnte zuvor aus umgekehrter Perspektive erlebt hat: »Macht der Partner ein zu gutes Geschäft, hat er das gleiche Problem, das wir in der Schweiz hatten«, sagt der CEO und schmunzelt ob der Ironie. »Dann sagen wir Danke und machen es selbst.«

Eigene Firmen als Chance

In sieben Ländern betreibt Mammut heute Tochtergesellschaften, nach Deutschland kamen die USA, England, Norwegen, Japan, Korea und China hinzu. Ob man eine eigene Unternehmung gründet oder mit Partnern zusammenarbeitet, hängt dabei stark von den Umständen ab. »Überall dort, wo das Potenzial der Marke groß ist, wo wir selbst überproportional groß werden können, sind wir selbst vor Ort«, sagt Rolf Schmid. »Einerseits können wir so die Geschwindigkeit des Wachstums steuern, andererseits lässt sich auch mehr verdienen.« Einem Importeur könne man zudem nur beschränkt vorschreiben, wie dieser die Produkte zu verkaufen habe und wie er Werbung machen soll. Längerfristig ergebe sich auch das Problem der fehlenden Anreize: Merkt der Partner, dass das Geschäft zu gut läuft, dass sich der Hersteller bald selbst für den Markt interessieren dürfte, wird er seine Bemühungen reduzieren. »Vermitteln wir ihm hingegen Sicherheit mit Verträgen, Investitionen oder langjährigem Vertrauen, dann bleibt er hungrig und investiert weiter in unsere Produkte«, sagt Schmid.

Export als Überlebenschance

Bis auf China sind die Tochtergesellschaften alle in einem zweiten Schritt entstanden, nachdem die Firma bereits im jeweiligen Land Fuß gefasst hatte. Die Mammut AG kaufte dann entweder einen Distributor vor Ort oder gründete mit Angestellten eines Importeurs eine neue Firma. »Dabei stehen immer die Netzwerke im Zentrum«, sagt Rolf Schmid. Die akquirierten Firmen hätten nicht selten nur ein Büro, ein kleines Lager und eine Verkaufsmannschaft gehabt. »Wenn man so will, erkaufen wir uns also den Kontakt zum Kunden in einem neuen Land.« Der Markteinstieg sei so zwar nicht teuer, aber doch mit einem gewissen Risiko behaftet, so der Geschäftsführer: »Man muss es schaffen, dass die Leute, die das Netzwerk haben, im Unternehmen bleiben. Sonst hat man etwas gekauft, das bald verschwindet.« Als wertvolle Unterstützung beim Markteintritt empfindet Schmid die Zusammenarbeit mit Branchenverbänden. Insbesondere der Exportförderer Switzerland Global Enterprise (S-GE) habe dem Unternehmen geholfen, Ansprechpartner zum Aufbau von Distributionskanälen zu finden.

Als Mammut Mitte der 90er-Jahre großflächig ins Exportgeschäft einstieg, betrug der Umsatz rund 25 Millionen Franken. Über 50 Prozent davon wurden in der Schweiz erwirtschaftet. Seither ist der Umsatz in der Schweiz um das Vier- oder Fünffache gestiegen, im Vergleich zu den 250 Millionen weltweit hat der Heimmarkt aber deutlich an Bedeutung verloren. »Die Schweiz macht noch knapp 20 Prozent aus«, sagt Rolf Schmid. »Ohne den Export gäbe es uns nicht mehr.«

Kein Marketing, keine Chance

Lässt sich der Erfolg von Mammut in den ersten 100 Jahren noch auf die Faktoren Qualitätsbewusstsein, Innovation und Verkaufsnetzwerke reduzieren, spielt seit gut 20 Jahren auch das Marketing eine zentrale Rolle. »Heute reicht ein gutes Produkt alleine nicht mehr«, sagt Rolf Schmid. »Man braucht eine Marke, in die der Konsument vertraut.« Obschon das Unternehmen nicht mehr in der Schweiz produziert, spielt der Standort nach wie vor eine bedeutende Rolle. »Wir verkaufen Sicherheit und Vertrauen«, sagt Schmid. »Da ist es ein großer Vorteil, wenn die Kunden Werte wie Qualität oder Zuverlässigkeit mit uns verbinden.« So betont die Mammut-Werbung immer wieder mit großem Aufwand den Bezug zwischen eigenen Produkten und der Schweizer Berglandschaft. CEO Rolf Schmid ist sich sicher, dass sich diese Investition auszahlt – vor allem im Export: »Wenn du rausgehst in ein neues Land und beachtet werden willst, dann musst du auch mal Geld investieren.«

Langsames Wachstum ohne Grenzen

Durch das langjährige Image als Bergsportausrüster konnte Mammut bei den jeweiligen Markteintritten auf eine treue Kernzielgruppe zählen: »Die Bergsteiger kennen uns, egal ob in den USA oder in Pakistan«, sagt Rolf Schmid. Deshalb setzt das Unternehmen seit Jahren auf die Zusammenarbeit mit der »Hardcore-Szene«, wie der CEO sie nennt – Menschen, deren Expertise im Bergsport der Marke Mammut Glaubwürdigkeit verleiht. So wächst die Bekanntheit der Marke von innen nach außen: von der kleinen Gruppe der 4000-Meter-Bergsteiger zur Masse der Wanderer oder Skifahrer. Für den Mammut-Chef ist das die gesündeste Art des Wachstums: langsam, aber beständig. Dazu passt die Tatsache, dass die Mammut Sports Group auf eine grundsolide Finanzierung setzt: kein Fremdkapital, keine Hypotheken, dafür eine Holding im Rücken, welche die Strategie der kleinen Schritte trägt.

Der Erfolg im Ausland aber bedeutet nicht, dass Mammut vor Rückschlägen gefeit wäre. 2015 entschied die Firma aufgrund der schwierigen Währungssituation, die traditionsreiche Seilproduktion an das österreichische Unternehmen Teufelberger zu verkaufen. 24 Stellen wurden am Hauptsitz in Seon gestrichen, ein Stück Firmengeschichte ging verloren. Mit den Maßnahmen wolle man die Wettbewerbsfähigkeit der Firma langfristig verbessern, sagt Firmenchef Rolf Schmid. Nur wenn sich das Unternehmen stetig weiterentwickle, könne es mit den Großen der Branche mithalten. So sieht sich das Unternehmen wie schon vor hundert Jahren großen Herausforderungen gegenübergestellt. So braucht es auch jetzt wieder neue Ideen und jede Menge Fleiß, um gestärkt aus der Krise hervorzugehen. Die Firmengeschichte jedenfalls zeigt: So ein Mammut lässt sich kaum unterkriegen.

Zehnder: Von der Werkstatt zum Weltkonzern

Vor 120 Jahren widmete sich die Familie Zehnder Reparaturen und leichten Motorrädern, heute verkauft die Zehnder Group Heizkörper auf drei Kontinenten. Nur eines ist dabei stets gleich geblieben: Neue Ideen führten zum Erfolg. Und diese Ideen kamen aus Gränichen.

Gränichen, immer wieder Gränichen. So global die 120-jährige Geschichte der Firma Zehnder auch ist, so stark wurde sie doch von diesem einen Dorf im aargauischen Wynental geprägt. Standorte in 18 Ländern hat der Konzern heute, doch der Hauptsitz befindet sich noch immer an der Moortalstraße, eingeklemmt zwischen Wald und Fluss. Innovation und Export haben das Unternehmen zum internationalen Erfolg geführt, der Ursprung der weltweit bekannten Produkte aber liegt in Gränichen.

Es ist das Jahr 1895, als sich Jakob Zehnder, Mechaniker und Tüftler mit Verkaufstalent, selbstständig macht. In Gränichen baut er ein Wohnhaus mit integrierter Werkstatt und führt von da an Reparaturen aller Art aus. Daneben verkauft er hin und wieder ein Fahrrad der deutschen Marke »Adler«, später auch eingekaufte Schreib- Näh- und Waschmaschinen. Erst aber als seine sieben Söhne ins Geschäft einsteigen, macht die Unternehmung einen bedeutenden Schritt vorwärts. Die jungen Männer erstellen ein kleines Fabrikhaus, gründen die Kollektivgesellschaft J. Zehnder & Söhne und starten neben Reparatur und Verkauf die Produktion von Gütern. Im Ersten Weltkrieg stellt das Unternehmen Munitionsteile her, später Werkzeugschleifmaschinen. Zeitweise arbeiten über hundert Menschen in der kleinen Fabrik, doch noch scheint die Zeit nicht reif für Zehnders. Die Wirtschaftskrise in der Schweiz macht dem Familienunternehmen zu schaffen, bis 1922 muss ein Großteil der Belegschaft entlassen werden. Es ist ein erster Rückschlag – aber auch der Beginn einer neuen Ära.

Aufstieg und Fall des »Zehnderli«

1923 kaufen die Brüder Walter und Robert Zehnder auf einer Reise nach Deutschland ein Kleinmotorrad, zerlegen es in ihrer Gränicher Werkstatt und analysieren die Produktion. Schnell realisieren sie, dass sie das Fahrzeug selbst

herstellen können, besser sogar, schneller und leichter. Es ist der erste Meilenstein der Firmengeschichte.

7000 Leichtmotorräder verkaufen Zehnders in den folgenden Jahren, fünfzig
Kilogramm das Stück, Zweitaktmotor mit 110 cm³ Hubraum, relativ tiefer Preis.
So wird das »Zehnderli« zum populären Volksmotorrad, 10 Prozent Marktanteil erreicht es zu seinen besten Zeiten, Händler in der ganzen Schweiz gründen Zehnder-Motorradclubs. Doch auch diese Geschäftsidee erweist sich als
nicht nachhaltig: Weil die Kunden nach immer leistungsstärkeren Maschinen
verlangen, weil sich das neue Zehnder-Modell wegen Unzulänglichkeiten nicht
durchsetzen kann, geht es abwärts. Die tiefen Verkaufszahlen treiben die Firma
in einen Liquiditätsengpass, Anfang der 1930er-Jahre zwingen die Gläubiger die
Gebrüder Zehnder zum Rücktritt aus der Geschäftsleitung. Unter dem Namen
»Maschinenfabrik Gränichen« produziert der Betrieb fortan Motorräder unter
fremder Lizenz. Mit den Zehnders verschwindet auch das »Zehnderli«. Es wird
Zeit für eine neue Idee aus Gränichen.

Pionier mit Stahlrohr

Diesmal ist es Robert Zehnder alleine, der die nächste Ära einläutet. Eher zufällig
erfährt er von einem Heizungsinstallateur, dass in der Baubranche die Lieferfris-
ten für Heizkörper unerträglich lang seien. Zehnder erkennt die Geschäftsidee,
doch von der Herstellung der damals geläufigen Gussradiatoren hat er keine Ahnung. So entwickelt der Unternehmer und Erfinder kurzerhand einen Heizkörper
aus Stahl, dem Material, das der Familie seit Jahren vertraut ist. Und tatsächlich:
Es funktioniert. 1930 gründen sechs der sieben Zehnder-Brüder die Kollektivgesellschaft Gebrüder Zehnder und bringen den innovativen Stahlrohrradiator
auf den Markt. Dank seines ansprechenden Designs und des geringen Gewichts
etabliert sich das Produkt schnell auf dem Heimmarkt. Weil die Produktion
personalintensiv ist, arbeiten in den frühen 1950er-Jahren fast 300 Personen im
Zehnder-Werk. Die neue Fabrik steht – wie könnte es anders sein – in Gränichen.

Nach dem Zweiten Weltkrieg läuft das Patent für die Stahlrohrradiatoren ab,
und eine neue Zehnder-Generation tritt in das Unternehmen ein. Wollten sich

die sechs Brüder noch auf den Schweizer Markt beschränken, bringt die dritte Generation großes Interesse für das Ausland mit. Hans-Jakob Zehnder etwa hat über drei Jahre in den USA gelebt, dort gearbeitet und eine ganz neue Sicht auf Firma und Geschäftsfeld entwickelt. »Er war der Erste, der darauf drängte, die Heizkörper auch im Ausland zu verkaufen. Er war die Antriebsfeder der Expansion«, sagt Hans-Peter Zehnder, heutiger Verwaltungsratspräsident der Zehnder Group, über seinen Vater. 1953 beginnt das Unternehmen in bescheidenem Maß nach Deutschland zu exportieren – das Land bietet sich aufgrund der Sprache und des großen Marktpotenzials an. Noch sind die Risiken und Investitionen gering, noch hat man einen technologischen Vorteil gegenüber der Konkurrenz. Wie in der Schweiz sind die Gebrüder Zehnder auch in Deutschland die Ersten, die Stahlrohrradiatoren statt Gussheizkörper anbieten. »Diese Nische haben wir uns selbst geschaffen«, sagt Hans-Peter Zehnder. »Für unseren Einstieg ins Exportgeschäft war das ganz entscheidend.«

Bereits nach wenigen Jahren beginnt die deutsche Konkurrenz mit der Produktion von Stahlradiatoren. Weil sich die Firma Zehnder nicht weiter in ihrer Nische ausruhen kann, wird sie zu Investitionen gezwungen. Hans-Jakob Zehnder nimmt sich dieses Projekts mit Freuden an, ohnehin hat er große Pläne fürs Auslandsgeschäft. Ihm ist klar: Wenn es in Deutschland richtig läuft, muss die Firma ihre Produktion um das Drei- oder Vierfache erhöhen – ein Volumen, das die Kapazitäten der Gränicher Hallen bei Weitem sprengt. So gründet Zehnder eine deutsche Produktions- und Vertriebsgesellschaft und erbaut 1963 in der Nähe von Freiburg im Breisgau einen zweiten Produktionsstandort. Dank einem umsichtigen Geschäftsführer und einem guten Verständnis des deutschen Marktes, stellt sich der Erfolg rasch ein: 1970 überflügelt der Umsatz der deutschen Gesellschaft denjenigen des Gränicher Stammhauses. Das Risiko, das die dritte Zehnder-Generation im Ausland eingegangen ist, zahlt sich aus.

Frankreich und vorwärts

Wie in Deutschland steigt Zehnder auch in Frankreich schrittweise ein. Ende der 60er-Jahre gründet die Gruppe eine Vertriebsgesellschaft, die von Paris aus die Schweizer Produkte verkauft. Nach einer vierjährigen Versuchsphase stellt man fest, dass die Zehnder-Produkte gut ankommen, und baut in der Folge in Châlons-sur-Marne das dritte Produktionswerk. Anders als in Deutschland aber geht der Aufbau der Marktposition hier nur langsam voran – als hartnäckige Konkurrentin erweist sich insbesondere die Marktführerin Acova.

Der nächste Meilenstein der Gränicher Firma folgt im Zuge der Erdölkrise Anfang der 1970er-Jahre. Weil die Bauindustrie von der Rezession getroffen wird, gehen die Verkäufe stark zurück, der Umsatz sackt innert weniger Jahre um dreißig Prozent ab. Anders als viele Konkurrenten aber entschließt sich die Zehnder-Gruppe nicht zum Rückzug, sondern baut sich mit der Akquisition des Schweizer Messgeräteherstellers Haenni ein zweites Standbein auf. Um das für das Wachstum nötige Kapital auch weiterhin aufbringen zu können, wird 1984 aus dem reinen Familienunternehmen die Zehnder Holding AG. Die vielen organisch gewachsenen Bestandteile werden erstmals unter einem Dach vereint. Durch den Börsengang fließen neue Mittel in die Kasse.

Netzwerk zum Verkauf

1988 übernimmt mit Hans-Peter Zehnder die vierte Generation die operative Führung – im gleichen Jahr kauft Zehnder den Schweizer Konkurrenten Runtal und erhält so Zugang zu neuen Märkten. Über bestehende Runtal-Lizenznehmer bringt Zehnder die eigenen Produkte in Italien, Spanien, Griechenland, Irland, Frankreich, Japan und den USA in den Verkauf. Innert kurzer Zeit übernimmt die Gruppe Anteile der Lizenznehmer und baut eigene Vertretungen auf. »Die bestehenden Netzwerke waren einer der wichtigsten Gründe für die Übernahme«, sagt Hans-Peter Zehnder rückblickend. Ohne sie wäre eine derartige Expansion nie möglich gewesen.

Die Art und Weise, wie der Konzern beim Markteinstieg zu den richtigen Leuten, dem richtigen Netzwerk kommt, unterscheidet sich von Land zu Land stark. In Frankreich etwa nutzt man die Verbindungen der Handelskammer, um geeignetes Personal für den Aufbau der Verkaufsgesellschaft zu finden. In anderen Ländern werden Leute über den internationalen Heizkörperverband oder aus Konkurrenzfirmen rekrutiert. »Oft sind wir sehr opportunistisch vorgegangen«, sagt Hans-Peter Zehnder. So habe man etwa an einer internationalen Messe jemanden kennengelernt, der die Zehnder-Produkte in Belgien vertreiben wollte. Ein anderer stellte sich mit der Idee vor, die Lizenzen in Skandinavien zu übernehmen. Beides hat funktioniert. »Diese Gelegenheiten haben sich ergeben«, sagt der heutige VR-Präsident. »Aber wir mussten das Risiko eingehen und sie packen.«

Lebenswichtiger Export

Die geografische Diversifikation macht die Zehnder-Gruppe in den 90er-Jahren zum europäischen Markführer für Sonderheizkörper. Die Erfolge im Kerngeschäft führen dazu, dass sich das Unternehmen zunehmend von Beteiligungen in anderen Sparten trennt. Zudem gelingt den Schweizern 1994 mit der Übernahme des langjährigen Konkurrenten und Runtal-Lizenznehmers Acova ein großer Coup. Die Nullerjahre dann sind geprägt von strategischen Zukäufen und vom Ausbau der Marktstellung – vor allem im Bereich der Lüftungstechnik legt die Zehnder-Gruppe stark zu.

Den Eintritt in neue Märkte realisiert das Unternehmen entweder durch den Kauf eines Konkurrenten, die Zusammenarbeit mit einem Vertreter oder die Gründung einer Verkaufsgesellschaft. Zeigen Marktanalysen und Erfahrungswerte, dass ein Land das gewünschte Potenzial aufweist, wird ein eigener Produktionsstandort eröffnet. Heute konzentriert sich die Gruppe auf die beiden Geschäftsfelder Heizkörper sowie Lüftungen und hat Standorte in 18 Ländern. In China, Deutschland, Frankreich, England, den Niederlanden, Polen, Schweden, der Türkei, den USA und in der Schweiz produziert Zehnder vor Ort.

Die Konzentration auf den Export sei für das Unternehmen überlebenswichtig gewesen, sagt Hans-Peter Zehnder rückblickend. Aber nicht nur wirtschaftlich, sondern auch technologisch habe der Konzern über Jahre hinweg von seinen Tochterunternehmen profitiert. »Indem sich unsere Ländergesellschaften laufend austauschen und offen für neue Ideen sind, können sie viel voneinander lernen.« Die Vor- und Nachteile der unterschiedlichen Strategien in Exportmärkten liegen für Hans-Peter Zehnder auf der Hand. Die Zusammenarbeit mit einem Importeur oder Vertreter bedinge nur wenig Kapital, Risiko und Führungsaufwand – sie eignet sich daher für den Einstieg oder für Märkte mit geringem Potenzial. »In einem solchen Fall ist man aber auf Gedeih und Verderb vom Partner abhängig«, gibt der Verwaltungsratspräsident zu bedenken. »Und weil der meist noch andere Marken im Sortiment hat, ist unklar, ob er uns die nötige Wichtigkeit beimisst.« Verkaufe man hingegen Lizenzen an einen Anbieter, könne das erarbeitete Wissen in Form von Lizenzgebühren verwertet werden. Der Nachteil: Für eine gewisse Zeit bleibt der Markt blockiert – auch wenn er sich gut entwickelt, sind dem Unternehmen die Hände gebunden.

Bleibt also die Produktion im Zielland, der Kern des Zehnder-Exporterfolgs. »Mit den Tochtergesellschaften im Ausland sind wir sehr nahe am Markt«, sagt Hans-Peter Zehnder. Das sei einerseits ein emotionaler Vorteil, da viele Kunden lieber bei einem lokalen Anbieter einkaufen würden. Andererseits könne man so besser auf Service-Bedürfnisse eingehen, lokale Eigenheiten beachten und müsse den Gewinn nicht teilen – die Marge bleibt ganz allein beim Produzenten.

Innovation und Marketing

Wie aber setzt man sich in einem neuen Markt gegen unzählige Mitbewerber durch? »Gerade in China haben wir gemerkt, dass wir stets innovativer und schneller sein müssen als die Konkurrenz«, sagt Hans-Peter Zehnder. »Schließlich sind die Kopierer meist nicht sehr kreativ.« Innovation alleine aber, das musste auch die Zehnder-Gruppe feststellen, reicht heute oft nicht mehr. Durch die Globalisierung, durch zunehmende Transparenz und Fortschritt gleichen sich die Produkte immer stärker an. Werden die eigenen Produkte kopiert, muss man sich mit besserem Service und aufwendigerem Marketing abheben. »Die Bedeutung der Marke hat extrem zugenommen«, sagt der VR-Präsident. »Das Versprechen von Qualität und Luxus, dieses Lebensgefühl, das ist heute viel wichtiger als damals, als wir ins Exportgeschäft eingestiegen sind.« So hat sich die Zehnder-Gruppe der Zeit angepasst. Prozentual investiert sie heute viel mehr in die Markenpflege als noch vor zehn oder zwanzig Jahren – zudem wurden Preise und Markenauftritte in den verschiedenen Ländern angeglichen.

Grundsätzlich habe man mit den Produkten von Beginn weg auf ein höheres Preissegment gezielt, sagt Hans-Peter Zehnder. »Als Schweizer Firma hat man im Ausland den Ruf von hoher Qualität und Zuverlässigkeit – das hat sicher geholfen.« Mit den Akquisitionen im Ausland und dem Aufbau der Tochtergesellschaften jedoch hat sich Zehnder immer mehr zu einem europäischen Unternehmen gewandelt. Heute gilt man in Frankreich als französische und in Deutschland als deutsche Firma. Dennoch seien nie die Zukäufe im Fokus der Unternehmensgruppe gestanden, sondern das organische Wachsen in neuen Märkten. »Wer mit seinen eigenen Produkten und Stärken nicht wachsen kann, der macht etwas falsch«, sagt Hans-Peter Zehnder. Ein solches Wachstum aber sei oft nur möglich, wenn man eine langfristige Strategie fahre, mit Entscheiden, die sich auch mal erst nach fünf oder zehn Jahren ausbezahlen.

Dazu gehört auch die Investition in die Zukunft. Denn wie immer wieder in den vergangenen Jahrzehnten steht das Unternehmen vor großen Herausforderungen: Mitte 2015 wurde bekannt, dass die Zehnder Group 10 Prozent ihrer Belegschaft entlässt, je einen Standort in Großbritannien und Italien schließt sowie ein Produktionswerk in Frankreich verkauft. »Wir mussten uns schon immer den Umständen anpassen«, sagt Hans-Peter Zehnder. In Zeiten von schwacher Baukonjunktur und ungünstigen Währungseinflüssen versuche man die Kosten zu senken. Wie vor 120 Jahren steht auch jetzt wieder eine Idee aus Gränichen in den Startlöchern. Die Zehnder-Gruppe hat einen Heizkörper aus Kunststoff entwickelt, für dessen Herstellung weniger Energie verbraucht wird und der leichter ist als bisherige Produkte. »Für die Firmengeschichte könnte das ein neuer Meilenstein werden«, sagt Hans-Peter Zehnder. Produziert wird die Neuheit nicht in China oder den USA, nicht in Polen oder Deutschland. Sie geht dort vom Band, wo alles begann und alles zusammenkommt: in Gränichen im Wynental.

Caran d'Ache: Hundert Jahre made in Switzerland

Seit einem Jahrhundert produziert Caran d'Ache Schreibwaren in der Region Genf. Früh hat die Firma erkannt, dass der Heimmarkt zu klein ist für ihr Geschäft – heute sichert der Export in über 90 Länder Arbeitsstellen in der Schweiz. In Thônex endet die Schweiz. Wer von Genf aus Richtung Osten fährt, erreicht das Zentrum der Gemeinde nach wenigen Kilometern. Geradeaus geht es hier über den Zoll nach Frankreich, gegen links führt eine Straße der Landesgrenze entlang – hinauf zu Caran d'Ache, hinauf zur Fabrik, die seit hundert Jahren Schreibwaren für die halbe Welt produziert.

Doch so erfolgreich die Firma heute auch ist, so harzig war ihre Geburt. 1915 kaufen Genfer Geschäftsleute eine ehemalige Seifenfabrik und beginnen mit der Produktion von Grafitstiften. Die Konkurrenz aus dem Ausland aber ist bereits stark – namentlich Firmen aus Deutschland und Tschechien dominieren den Schweizer Markt. Weil die »Fabrique genevoise de crayons« nur ein Produkt im Sortiment hat, weil sie keine eigene Nische besetzt, sieht die Kundschaft kaum Gründe, auf das neue Produkt zu wechseln. Es kommt, wie es kommen musste: Keine zehn Jahre nach ihrer Gründung geht die Unternehmung in Liquidation. Es ist ein Ende und ein Anfang. Es ist der große Moment des Arnold Schweitzer. Der Geschäftsmann aus der Ostschweiz übernimmt die Firma und investiert in die Produktion: Er will bessere Maschinen, bessere Herstellungsformeln und bessere Materialien. Kurz: Schweitzer will die Konkurrenz überragen.

Russischer Name für Schweizer Qualität

Die neue Firma erhält den Namen »Caran d'Ache«, eine Hommage an den Karikaturisten Emmanuel Poiré, dessen Künstlername Caran d'Ache an das russische Wort »karandash« für Bleistift angelehnt ist. Es beginnt der Aufstieg. Schweitzers Produkte überzeugen, 1929 bringt er den weltweit ersten Druckbleistift Fixpencil® auf den Markt, 1931 die Farbstifte Prismalo®, die wasserlöslich sind. Das Unternehmen etabliert sich, als der Zweite Weltkrieg anbricht und die Grenzen für ausländische Firmen geschlossen werden, schafft Caran d'Ache endgültig den Durchbruch. Parallel zu den Erfolgen in der Schweiz steigt das Unternehmen ins Exportgeschäft ein. Rasch gelingt der Sprung ins nahe

Europa, nach Frankreich etwa, nach Italien oder England. »Man hat sehr früh verstanden, dass unser Geschäft nicht an den Landesgrenzen enden kann«, sagt Carole Hübscher. Als Verwaltungsratspräsidentin führt die Tochter von Jacques Hübscher das Familienunternehmen seit 2012 in der vierten Generation. »Wir hatten damals die richtigen Produkte und wir hatten die nötige Kapazität«, blickt sie zurück. »Der Schritt ins Ausland war die logische Folge.«

Krise und Auferstehung

Um die Firma im In- und Ausland weiterzuentwickeln, um das Sortiment auszubauen, benötigt Arnold Schweitzer in den 1930er-Jahren zusätzliches Kapital. Fündig wird er bei der Familie Hübscher, die im Rohwarengeschäft tätig ist und in Caran d'Ache investiert. Weil der gebürtige Schaffhauser Jacques Hübscher aber in Südfrankreich lebt, lässt er sich von Joseph Reiser, seinem Treuhänder in der Schweiz, vertreten. Als Schweitzer stirbt, wird Reiser zum Geschäftsführer ernannt, einige Jahre später übernehmen die Familien Hübscher, Reiser und Christin gemeinsam die Verantwortung. Noch heute ist die Firma in ihrem Besitz. Noch immer setzen sie auf dieselben Werte wie damals: Unabhängigkeit, Authentizität, Treue und Innovation.

In den 50er- und 60er-Jahren blüht die Firma auf. In der Schweiz knüpft sie eine enge Bande zu den öffentlichen Schulen und macht ihre Produkte Lehrkräften und Kindern gleichermaßen schmackhaft. Noch heute kennen viele Schweizerinnen und Schweizer Caran d'Ache seit ihrer Kindheit – für Carole Hübscher ein ganz wichtiger Pfeiler der Unternehmensphilosophie. »Wir haben es geschafft, das Vertrauen vieler Lehrkräfte zu gewinnen«, sagt sie. »Sie setzen seit Jahrzehnten auf unsere Produkte und wir lernen von ihnen, was ihre Bedürfnisse sind.« 1960, nach dem Tod seines Vaters, verlässt Jacques Hübscher junior Senegal und kehrt in die Schweiz zurück. In Genf steigt er in das Familienunternehmen ein und wird 1982 Verwaltungsratspräsident. Er treibt die Diversifikation voran, erweitert das Sortiment um edles Schreibgerät und baut die Produktepalette im Kunstbereich aus. Stärker als früher positioniert sich Caran d'Ache jetzt im Premium-Bereich – eine Strategie, die dem Unternehmen insbesondere im Exportgeschäft eine neue Kundschaft erschließt.

Erfolgreiche Partnerschaften

Heute beschäftigt Caran d'Ache 300 Angestellte, exportiert in 90 Länder und verfügt über ein weltumspannendes Netzwerk von Distributoren und Verkaufsstellen. Den Einstieg in die neuen Märkte hat das Unternehmen nicht selten dank seinem guten Namen und sich bietenden Gelegenheiten geschafft. Wie sorgfältig man dabei vorgeht, zeigt das Beispiel Iran. 2012 kontaktiert der heutige Importeur die Firma auf der Fachmesse Paperworld in Frankfurt, worauf es zu ersten Gesprächen kommt. Weil sich die Genfer aber noch nicht sicher sind, ob die Partnerschaft funktionieren kann, dauert es noch einmal ein ganzes Jahr, bevor der Stein ins Rollen kommt. An der Messe 2013 kommt der Interessent noch einmal auf die Verantwortlichen zu, bevor diese sich entschließen, in den Iran zu fliegen. Dort folgen weitere Gespräche, man macht sich ein Bild des potenziellen Partners, seines Geschäftsumfelds – und gibt dann grünes Licht. »So baut man Beziehungen auf, die halten«, sagt Carole Hübscher. Mit den meisten Distributoren würde die Firma eine dauerhafte Beziehung verbinden. »Man muss viel Zeit investieren, aber es lohnt sich allemal.«

Anders als in den Anfangsjahren geht das Unternehmen heute bei der Erschließung neuer Märkte systematischer vor. Und doch: »Alle Pläne dieser Welt sind nichts wert, wenn man die richtigen Leute zur Umsetzung nicht findet«, sagt Carole Hübscher. Geht es um die Suche nach dem richtigen Partner, zählen für Caran d'Ache in erster Linie drei Kriterien: Die Person muss ein solider Geschäftsmann sein, einer also, der weiß, was er tut. Der zukünftige Partner sollte bereits eine Beziehung zu den Produkten der Firma haben – ein bestehendes Netzwerk etwa in einem verwandten Feld. Und: Er muss für dieselben Werte und Standards einstehen wie das Unternehmen selbst. »Alle Importeure müssen zu unserer Position als Premium-Marke passen«, sagt Hübscher. »Ansonsten macht eine Zusammenarbeit für uns keinen Sinn.«

»In allen wichtigen Städten«

Je nach Land arbeiten die Genfer mit einem exklusiven Distributor zusammen oder mit mehreren, die sich die verschiedenen Produktekategorien aufteilen und unterschiedliche Verkaufskanäle bedienen. Rückgrat des Exportgeschäfts sind dabei große Kaufhäuser wie Harrods in London, Le Bon Marché in Paris oder das KaDeWE in Berlin. Immer mehr zeichnet sich aber eine Tendenz hin zu exklusiven Verkaufsstandorten ab. Eine der ganz großen Herausforderungen im Auslandgeschäft ist laut Carole Hübscher die Präsenz und Sichtbarkeit an den Verkaufspunkten. »Wir möchten nicht einfach drei Boxen unserer Produkte im Laden haben und dann eine von vielen Marken sein«, sagt sie. Weil Caran d'Ache die ganze Produktepalette abdecke und Produkte für alle Altersklassen anbiete, seien Shop-in-shop-Konzepte oder Flagship-Stores gute Alternativen. »Kunden, die uns bereits kennen und unsere Qualität schätzen, sollen wissen, welche Produkte wir für weitere Lebensabschnitte entwickelt haben«, so die Firmenchefin. Als sie 2012 den Vorsitz des Verwaltungsrats übernimmt, hat sie ihre Sporen im internationalen Marketing in den USA und bei der Swatch Group in Genf abverdient. Sie bringt neue Ideen zur Weiterentwicklung der Marke mit und fördert den Verkauf über eigene Boutiquen. »Wir wollen in allen bedeutenden Städten dieser Welt mit eigenen, repräsentativen Läden präsent sein«, sagt Carole Hübscher. In Peking, Tokio oder Berlin hat Caran d'Ache daher bereits Flagship-Stores eröffnet. »Die Kunden wollen immer mehr Transparenz«, sagt die Firmenchefin. »Wenn wir ihnen unsere Geschichte direkt erzählen können, ist das eine große Chance für uns.«

Alles made in Switzerland

Denn dass Caran d'Ache eine gute Geschichte zu erzählen hat, daran gibt es keine Zweifel. Das Schweizer Unternehmen ist heute weltweit die einzige Manufaktur, die das gesamte Angebot an Schreib- und Malgeräten an einem Standort selber herstellt. Wie vor hundert Jahren wird jedes einzelne Produkt in der Fabrik in Thônex produziert – »Wirklich produziert, von Beginn bis Ende«, betont Carole Hübscher. Mehr als neunzig Berufsgruppen tragen zur Fertigung bei. Die Mitarbeitenden von Caran d'Ache vereinen ein enormes Fachwissen in ganz unterschiedlichen Disziplinen. Ein Qualitätsmerkmal, das auch die ganz Großen überzeugt: Die Maler Miró und Picasso malten mit Caran d'Ache – es ist der Ritterschlag für das kleine Unternehmen aus der Schweiz. Um diesen Mehrwert darzulegen und die damit verbundenen Kosten zu erklären, investiert das Unternehmen viel Zeit und Geld in seine Produkte – von der Forschung über die Produktion bis hin zur Präsentation. An den einzelnen Verkaufspunkten geht es darum, möglichst viel Platz für ein breites Sortiment zu erhalten und die Verkaufspersonen so weit zu instruieren, dass sie der Kundschaft die Besonderheiten der Marke erklären können. So hat Caran d'Ache eigene Leute in den Iran geschickt, damit diese Mitarbeitende des Partners schulen konnten, welche wiederum die Weiterbildung des Verkaufspersonals übernommen haben. »Die Produkte einfach nur an die Händler zu verkaufen, das reicht schon lange nicht mehr«, sagt Carole Hübscher. »Wir müssen unsere Partner unterstützen und ermächtigen. Nur so wird unser Name richtig repräsentiert.«

Mit Qualität gegen die Konkurrenz

Seit den Zeiten von Arnold Schweitzer hat sich bei Caran d'Ache viel verändert. Abstriche an der Qualität aber hat es nie gegeben. »Das ist einerseits typisch schweizerisch«, sagt Carole Hübscher. »Andererseits brauchen wir diesen Anspruch, um uns von der Konkurrenz abzuheben.« Denn preislich habe man gegen Anbieter aus China oder anderen Tiefpreisländern ohnehin keine Chance. »Nur mit dem Fokus auf Qualität können wir diesen Kampf gewinnen.« Das Schweizer Kreuz gelte insbesondere in Asien, aber auch in den USA und anderen Märkten, noch immer als Garant für Qualität und Zuverlässigkeit. Die Aufgabe des Produktionsstandorts in Genf ist für Caran d'Ache daher weder möglich noch erstrebenswert. Neben den betriebswirtschaftlichen Aspekten spielen dabei aber auch moralische und nachhaltige Aspekte eine Rolle. »Es ist wichtig, dass wir uns überlegen, wie eine Schweiz ohne Industrie und ohne Produktion aussehen würde«, sagt Carole Hübscher. »Wir müssen uns fragen: Wo werden unsere Kinder arbeiten, wenn es keine Produktion mehr gibt?«

Als Familienunternehmen hat Caran d'Ache die Möglichkeit, längerfristig zu denken und die Dauerhaftigkeit von Firma und Arbeitsplätzen über die kurzfristigen Gewinnziele zu stellen. Auf der anderen Seite fehlt es dem Unternehmen im Vergleich zu einer großen, börsenkotierten Firma an Kapital, um große Sprünge im Auslandsgeschäft zu wagen. Die hohe Zahl von über neunzig Märkten betrachtet Carole Hübscher aber ohnehin eher skeptisch. »Etwa vierzig davon sind wirklich bedeutend für uns«, sagt sie. »Auf diese sollten wir uns konzentrieren, dort müssen wir uns weiterentwickeln.« So will sich die Firma weiterhin nachhaltig entwickeln, in der Schweiz sowie im Ausland weiter wachsen und ihre Position im Premium-Segment verteidigen. Konkrete Zahlen zu Gewinn und Umsatz gibt das Familienunternehmen traditionell nicht bekannt. Klar ist aber: »Der Export hat stetig zugenommen«, sagt Carole Hübscher. »Und er wird in Zukunft noch wichtiger werden.«

Zimmerli: Ein Unterhemd für Rocky Bilbao

Dank des Geschäftssinns von Pauline Zimmerli ist die Zimmerli Textil AG entstanden. Dank der Orientierung an Qualität und Export hat der Luxuswäsche-Hersteller überlebt. Heute ist die Marke weltweit bekannt – und kommt immer wieder zu Gastauftritten in Hollywood-Streifen.

Bei Zimmerli wurden schon immer Grenzen überschritten. Die edle Unterwäsche des Schweizer Unternehmens entsteht in einer Tessiner Fabrik, nicht wenige Arbeiterinnen reisen täglich aus Italien an. Von Aarburg aus werden die Produkte in mehr als 50 Länder verschickt, 80 Prozent des Umsatzes wird heute auf der anderen Seite der Grenze erwirtschaftet. Und: Die Gründerin des Unternehmens, die prägende Figur, wäre nie so weit gekommen, hätte sie Grenzen akzeptiert.

Pauline Zimmerli ist eine starke Frau. Sie muss es sein. Als die gelernte Handarbeitslehrerin 1859 den Witwer Jakob Zimmerli heiratet, übernimmt sie die Verantwortung für dessen sechs Kinder – bald kommt ein weiterer Sohn dazu. Doch damit nicht genug: Als die Aarburger Färberei ihres Mannes Konkurs geht, schickt dieser Pauline nach Basel, um sich dort in der Handhabe eines neuartigen Geräts ausbilden zu lassen. 1866 war die handbetriebene 1-Nadel-Strickmaschine von Isaac William Lamb erfunden worden; Pauline Zimmerli hat kaum Mühe mit deren Bedienung und fertigt schon bald feinste Strümpfe und Herrensocken an. Mit Unterstützung der Verwandtschaft baut sie ein kleines Unternehmen auf, bald werden die Produkte weit über die Region hinaus verkauft. Erstmals stellt die Firma Mitarbeitende an.

Bahnbrechende Erfindung

Den großen Durchbruch aber schaffen Zimmerlis mit einer eigenen Erfindung. Wieder ist es die Patronin, die im Zentrum steht, wieder ist es Pauline Zimmerli, die das Schicksal der Firma über Jahrzehnte hinaus prägt. Angespornt vom Wunsch nach neuen Produkten, erfindet sie 1874 die erste 2-Nadel-Strickmaschine der Welt. Das Gerät soll das Stricken von Hand nachahmen, abwechslungsweise zwei Maschen links und zwei Maschen rechts, und so Rippenmuster herstellen. Pauline Zimmerli schickt ihre Pläne an die Lamb Knitting Machine Corporation in den USA und regt die Produktion der Neuheit an. Und tatsächlich: Noch im selben Jahr trifft die erste Maschine in Aarburg ein. Die Zimmerlis können nun gerippte Stoffe in großer Menge herstellen, dehnbare Kleidungsstücke, Unterwäsche von hoher Qualität. Ihre Maschine wird zum internationalen Standard, die Handarbeitslehrerin aus Aarburg prägt mit ihrer Idee einen ganzen Industriezweig. Und: Dank dem technologischen Vorsprung produzieren Zimmerlis mit einer solchen Kadenz, dass sie die Konkurrenz weit hinter sich lassen.

Mit dem Koffer in den Export

Mit dem Einstieg von Paulines Söhnen Adolf und Oscar Zimmerli beginnt auch der Einstieg ins Exportgeschäft. Mithilfe eines Agenten in Paris werden erste Produkte ins Ausland verkauft, ab 1878 sind die Schweizer Stickwaren im renommierten Pariser Kaufhaus Le Bon Marché zu finden. Mit einem Koffer voller Waren klappern die Söhne Kaufhäuser in Europa und in Übersee ab. Oscar Zimmerli reist Anfang der 1880er-Jahre mehrmals in die USA – jedes Mal kommt er mit einem gut gefüllten Auftragsbuch zurück.

1888 steigt Adolf Zimmerli aus der Firma aus und verkauft seine Anteile an seinen Bruder. Mehrmals werden die Zimmerli-Produkte in dieser Zeit mit internationalen Preisen geehrt – ganze drei Mal kann die Firma eine Goldmedaille an einer Weltausstellung entgegennehmen. So spricht es sich herum, dass diese Schweizer etwas ganz Besonderes anzubieten haben. So steigt die Nachfrage und die Produktionskapazität wird ausgebaut. Wo immer jemand Zimmerli-Produkte kaufen will, da werden sie auch angeboten.

Ein Hemd für Rocky Balboa

Ende der 1920er-Jahre zieht sich die Familie Zimmerli aus dem Geschäft zurück, eine neue Direktion übernimmt, die Strategie aber bleibt dieselbe: hohe Qualität, hohe Preise, dezentes Design. Der physische Grundstein zur heutigen Firma wird 1965 gelegt, als die Zimmerli Textil AG in Coldrerio im Kanton Tessin eine Produktionsstätte übernimmt. Während Jahren beliefert die Fabrik nur das

Unternehmen in Aarburg, organisatorisch bleiben die Einheiten getrennt. Bei Zimmerli kommt es in diesen Jahren mehrmals zu Besitzerwechseln, es sind turbulente Zeiten für das Traditionsunternehmen und für die Textilindustrie als Ganzes. Ihr Niedergang hat mit der Weltwirtschaftskrise begonnen, nun drängen immer mehr günstigere Konkurrenten aus dem Ausland auf den Markt.

Ende der 1970er-Jahre dann die positive Überraschung: Unverhofft erscheint Zimmerli im Scheinwerferlicht Hollywoods, Sylvester Stallone trägt im Kinofilm »Rocky« das Unterhemd »Richelieu« und präsentiert die Aarburger Wäsche einem Millionenpublikum. Stallone begründet einen Trend, der sich bis in die heutige Zeit gehalten hat: Von Hugh Jackman in »X-Man« über Will Smith in »Ali« bis hin zu Jamie Foxx in »Ray« und Joaquin Phoenix in »Walk the Line« – sie alle trugen bei den Dreharbeiten Schweizer Wäsche. Sie alle tun es, ohne dass ihnen Zimmerli auch nur einen einzigen Franken überweist.

Krise und Wiederauferstehung

Die internationalen Erfolge aber bewahren Zimmerli nicht vor den Unannehmlichkeiten im eigenen Haus. Die Einnahmen entsprechen nicht mehr den hohen Ausgaben, es fehlen die finanziellen Mittel, um die Firma in eine gesunde Zukunft zu steuern. Ende der 1990er-Jahre steht der Betrieb kurz vor dem Aus. Die Rettung kommt in Form einer Übernahme.

Als die Cousins Walter und Hans Borner zuerst den Produktionsbetrieb im Tessin übernehmen und 1997 auch die Firma in Aarburg, schafft Zimmerli die Kehrtwende. Die beiden lassen den Geist von Pauline Zimmerli aufleben, konzentrieren die Ressourcen auf den materiellen Kern der Firma, die Qualität der Produktion – und finden so einen Weg aus der wirtschaftlich schwierigen Situation. Die Damenkollektion wird neu belebt, im Bereich der Herrenwäsche steigt Zimmerli wieder zur Nummer eins im Luxussegment auf. Wie bereits zu Gründerzeiten werden die Leistungen der Firma mit Preisen honoriert: Das Unternehmen wird für die Brand Excellence Swiss Trophy nominiert, Walter Borner gewinnt 2006 die Wahl zum Schweizer Unternehmer des Jahres. Im In- und im Ausland steigt der Umsatz stark an.

Der Platz in der Nische

Der Aufstieg von Zimmerli ist umso erstaunlicher, hält man sich die Entwicklung der Konkurrenz vor Augen. Von der einst stolzen Textilindustrie der Schweiz ist nur wenig übriggeblieben – ein paar Dutzend Firmen stellen noch Textilien her, Kleidungsstücke im größeren Stil fertigt neben Zimmerli nur noch Akris in St. Gallen.

Wieso also ist Zimmerli noch da? »Wir agieren in einer Nische im hohen Preissegment«, sagt CEO Marcel Hossli. Richtig gute Wäsche sitze perfekt, kneife nicht und liege so angenehm auf dem Körper, dass man sie beinahe vergisst. »So etwas herzustellen, bedingt ein großes Know-how«, sagt der Firmenchef. »Bei der Produktion muss daher alles genau stimmen.« So setzt die Firma auf geringe Stückzahlen, die besten Rohstoffe und eine Fabrikation, bei der jeder Schritt von Hand erfolgt. Weil die Marke nie eingegangen sei, weil sie durchgehend dieselben Werte vertreten habe, könne man noch heute vom Namen Zimmerli profitieren. »Diese Kontinuität, die lange Tradition, das hilft enorm im Marketing«, so Hossli. »Wir müssen keine Geschichten erfinden, wir müssen sie nur erzählen.«

Flaggschiff in Macau

Heute ist Zimmerli an rund 700 Verkaufspunkten in über 50 Ländern präsent. »Ganz bewusst an wenigen und exklusiven Standorten«, präzisiert der Geschäftsführer. Noch vor 20 Jahren habe man mehr als 80 Prozent der Ware im Fachhandel verkauft. Weil dieser aber allmählich verschwunden sei, habe sich der Fokus erst auf die großen und exklusiven Kaufhäuser und dann auf eigene Verkaufsflächen, sogenannte Monobrand-Stores, verschoben. Der Fachhandel sei zwar sehr kompetent, biete aber verschiedene Marken an und verfüge über ein sehr durchmischtes Portfolio. »Für uns hat das den Nachteil, dass wir nie die gesamte Auswahl an Zimmerli-Produkten präsentieren können«, so Hossli. »Wofür die Marke steht, wird dem Kunden so nur beschränkt klar.«

2012 hat Zimmerli deshalb erstmals einen Flagship-Store an der Rue St. Honoré in Paris und einen Shop in Shop im Berliner Kaufhaus KaDeWe eröffnet. Ein Jahr darauf folgten Boutiquen in Moskau und Taipeh, dann in Interlaken,

Salzburg und Macau. Als Zimmerli im Oktober 2014 die erste Boutique in Basel eröffnete, war es bereits die zehnte Monobrand-Fläche weltweit. »Wir wollen die Marke sichtbarer machen«, sagt CEO Hossli zur Entwicklung. »Zimmerli soll dort präsent sein, wo unsere Zielgruppe einkauft, wo sie auf ihren Reisen vorbeikommt.« Würde die potenzielle Kundschaft dieselbe Marke in verschiedenen Städten der Welt entdecken, entstehe das Bild einer globalen und erfolgreichen Marke. Von der Aufmerksamkeit sei es dann nicht mehr weit zum aktiven Interesse.

Exklusive Partnerwahl

Die einzige Boutique, die das Unternehmen selber führt, ist diejenige in der Basler Innenstadt. Alle anderen wurden in Zusammenarbeit mit Franchise-Nehmern eröffnet. Im Ausland arbeitet Zimmerli nicht mehr wie früher mit Agenten zusammen, die mit den Kollektionen durch das Land reisen und Kunden besuchen. Heute beliefert das Unternehmen den größten Teil der Partner direkt und sucht sich selbstbewusst diejenigen aus, die zur Firmenphilosophie passen. Die Kollektion einem Händler anzuvertrauen, der dann mit irgendwelchen Partnern ins Geschäft komme, sei nicht mehr zeitgemäß, findet der Zimmerli-CEO. Vor zehn oder zwanzig Jahren habe man sich über jede Bestellung gefreut, egal von wem sie gekommen ist. Heute aber verfolge man einen strategischen Markenansatz, wolle bewusst global und in einer ganz bestimmten Nische wachsen. »Unterwäsche stellen viele her, und die meisten machen das günstiger als wir«, sagt Hossli. »Unser Name aber ist etwas wert. Die Marke ist zusammen mit der Qualität das Wichtigste in unserem Geschäft.«

Aus ebendiesem Grund hat Zimmerli 2014 damit begonnen, die Endkunden auch per Webshop zu bedienen. Lange hat man überlegt, ob diese Maßnahme die eigenen Partner zu stark konkurrenzieren würde – dann aber fällten die Verantwortlichen einen wegweisenden Entscheid. »Wir kamen zum Schluss, dass es Sachen gibt, die wir als Hüter der Marke selber machen müssen«, sagt CEO Marcel Hossli. Die Firma habe das größte Know-how, aber auch das größte Interesse an einer sauberen Markenführung. »Ein Partner möchte möglichst viel verkaufen. Wir aber wollen in erster Linie unseren Namen entwickeln.«

Bekenntnis zur Schweiz

Ganz eng verbunden ist dieser Name noch heute mit der Produktion in der Schweiz. Nicht umsonst steht der Slogan »The world's finest underwear – Handmade in Switzerland« im Zentrum der Vermarktung. Nichtsdestotrotz musste sich die Firma Gedanken darüber machen, ob sie sich die Produktion in der Schweiz auch künftig noch leisten kann. Man gehe nicht davon aus, dass sich die Währungssituation für Schweizer Exportunternehmen kurzfristig verbessern würde, so der Geschäftsführer. Die hohen Kosten der Produktion würden immer mehr zum Problem.

Doch ganz egal, wie man es dreht und wendet, bei den Abwägungen sind die Firmenverantwortlichen immer wieder zum selben Schluss gekommen: »Ja, wir wollen uns die Produktion in der Schweiz leisten«, sagt Hossli. »Wir müssen sie uns leisten. Würden wir im Ausland produzieren, wären wir austauschbar.« Die Produktion in der Schweiz bringe auch große Vorteile mit sich. Auf der einen Seite profitiere man von der großen Flexibilität im Umgang mit der Produktion, spreche dieselbe Sprache in Administration und Produktion und könne so besser auf Unvorhergesehenes reagieren. Auf der anderen Seite stünde die Schweizer Produktion seit Jahrzehnten für hohe Qualität und Zuverlässigkeit – ein gutes Verkaufsargument in ausländischen Märkten. Man könne sich damit gleichzeitig von der Konkurrenz abheben und sich beim Kunden empfehlen, sagt Marcel Hossli. »Die Swissness ist ohne Zweifel Kern unserer Existenz.«

Ohne Export kein Zimmerli

In zehn Jahren möchte Zimmerli noch immer in der Schweiz produzieren, noch immer dieselben Werte verkörpern und ein Sortiment in ähnlichem Umfang anbieten. »Aber wir wollen deutlich größer werden«, sagt Marcel Hossli. »Denn letztlich sind wir zum Wachstum verpflichtet.« Um die hohen Kosten zu decken, müsse man produktiver werden, Prozesse verbessern und stetig mehr verkaufen. Konkret denkt der Geschäftsführer dabei an neue Märkte, vor allem aber an eine höhere Marktdurchdringung im In- und Ausland. »Insbesondere in China möchten wir in einigen Jahren als bedeutende Marke dastehen«, sagt

Hossli. »Ganz allgemein richten wir die Firma immer globaler aus.« Denn ohne starke Auslandmärkte, da gibt es für den Geschäftsführer keine Zweifel, ließe sich die Herstellung in der Schweiz längst nicht mehr finanzieren. Oder einfach gesagt: »Ohne Export wäre Zimmerli heute nicht mehr existent.«

Fazit: Die vier Elemente des Schweizer Exporterfolgs

Größere und kleinere, bekannte und wenig bekannte, jüngere und ältere Exportunternehmen werden in dieser Sammlung porträtiert. Alle Firmen haben spannende Werdegänge und sind erfolgreich, doch keine gleicht der andern. Diese Vielfältigkeit macht es zwar unmöglich, allgemein gültige Erfolgsregeln abzuleiten. Doch Erkenntnisse sind möglich. Der Lernprozess, der sich beim Lesen der Geschichten unbewusst einstellt, lässt die vier folgenden Erfolgselemente erkennen.

1. Die notwendige persönliche Einstellung

Wer sich ins Abenteuer Export stürzen will, muss dies aus Überzeugung tun. Sie oder er muss wissen, dass der Weg zum Erfolg ein langer sein kann. Positiv denkende Frohnaturen haben es deshalb leichter. Eine große Offenheit gegenüber Andersdenkenden und Andersartigem ist eine Grundvoraussetzung. Die eigenen Werte sind meistens nicht mit denjenigen des Gegenübers deckungsgleich. Anpassungsfähigkeit und Flexibilität sind unabdingbar.

Wer den Exporterfolg will, darf sich nicht zu schade sein, auf die Knie zu gehen. Die Geschichte über die WC-Ente zeigt dies sehr schön auf. Es zählen die Bereitschaft, Ratschläge anderer zu befolgen; die Bereitschaft, auf Wünsche einzugehen, sowie die Bereitschaft, Stolpersteine zu akzeptieren. Letztere braucht es für Verbesserungen und für das Erkennen von erforderlichen Richtungswechseln. In Krisen stecken tatsächlich Chancen. Dies ist keine Trostfloskel, sondern eine Tatsache. Denn wer ein Gefecht verloren hat, kann am Ende immer noch Sieger werden. Selbst Abstürze und Pleiten können überwunden werden, wie einzelne Beispiele veranschaulichen. Auch Besitzerwechsel überstehen Exportunternehmen erfolgreich, eventuell sind sie gar der Grund für einen Strategiewandel, der die Firma weiterbringt.

Der positive Umgang mit Enttäuschungen ist eine Kunst, die trainiert werden kann und muss. Es braucht Widerstandsfähigkeit, eine gewisse Leidensbereitschaft und bei alldem darf die Fröhlichkeit und eine Prise Humor nicht verloren gehen. Lust und Freude dürfen nicht verkümmern, sie brauchen laufend Nahrung.

2. Das richtige Leistungsangebot

Eine wichtige Basis ist ein Produkt mit Alleinstellungsmerkmalen, die von der Zielkundschaft erkannt werden können. Mit einer starken Idee macht man es sich definitiv leichter. Niemand hat auf den neuen Exportartikel oder die neue Dienstleistung gewartet. Das Produkt muss also besser sein, und der Preis sowie die Leistung müssen in einem attraktiven Verhältnis zur Konkurrenz stehen. Am besten sind früh erkannte neue Bedürfnisse, die intelligent umgesetzt werden. Das ist allerdings ein hoher Anspruch.

Als schweizerische Firma punktet man meist mit den uns eigenen Tugenden: Innovation, Qualität, Zuverlässigkeit. Kleinere Einheiten konzentrieren sich in der Regel auf Nischen. Wer eine globale Nische richtig betreibt, ist auf dem besten Weg zum Erfolg. Besonders beeindrucken mich Firmen, welche mit einem einzigen Prinzip oder einem einzigen Produkt die Welt erobert haben. Es gibt sie in diesem Buch. Oft führt die Konzentration auf weniges zur besseren Identifikation und zur besseren Wahrnehmung des Exporteurs durch die Zielkundschaft. Die laufenden Verbesserungen und Erneuerungen an Produkten und Leistungen entlang der ganzen Wertschöpfungskette sind ein wesentlicher Beitrag zur Zukunftssicherung. Immer wieder sind zusätzliche Dienstleistungen der Schlüssel zum Erfolg. Und selbst mit der Analyse von vorhandenen Leistungen, deren Verbesserung und deren Positionierung als Neuheit lässt sich ein Markt erobern.

3. Die passende internationale Vermarktung

Wie die meisten Beispiele zeigen, beginnt man das Exportvorhaben mit Vorteil in den Nachbarländern, wo einem Sprache und Kultur nicht allzu fremd sind. Auch das vorsichtige Herantasten in einer Phase der ersten Versuche scheint sich zu bewähren. Wie einzelne Geschichten zeigen, ist eine gewisse Vielfalt an Ländern empfehlenswert. Denn wenn es in einem Markt nicht klappt, dann vielleicht in einem andern. Oft wird mit Agenten und Händlern begonnen, um zu einem späteren Zeitpunkt mit eigenen Außendienstleuten oder gar eigenen Niederlassungen zu operieren. Auch die Vergabe von Lizenzen kann für den Beginn einer Internationalisierung ins Auge gefasst werden. Aber aufgepasst,

Abmachungen dieser Art sind immer an Bedingungen zu knüpfen und mit einer zeitlichen Begrenzung zu versehen. In die Auswahl des Partners muss viel Zeit investiert werden. Nur wer wirklich zusammenpasst, darf auf Erfolg hoffen. Die Bildung von Netzwerken ist das A und O. Denn zur Überwindung fast jeder Eintrittshürde braucht es verlässliche und kompetente Partner. Wenn später eigene Betriebsstätten im Ausland dazukommen, ist deren Kontrolle von größter Bedeutung. Wer Prozesse aus der Hand gibt, sollte dem Anfang und dem Schluss der Kette besondere Bedeutung zukommen lassen: der Entwicklung und dem Vertrieb. Es ist vor allem während des Aufbaus eines Geschäfts wichtig, die strategischen Ziele im Auge zu behalten. Dies ist längerfristig wesentlich wichtiger, als von Beginn weg hohe Verkaufszahlen zu realisieren. Die Erhöhung des Bekanntheitsgrads und die Bildung einer Marke verlangen viel Zeit und Einsatz, der sich aber bezahlt macht. Eine Marke schafft Vertrauen und übersteht in der Regel auch Fehlleistungen, ohne großen Schaden zu nehmen.

4. Die Chance der Swissness

Zahlreiche Unternehmer vertreten die Auffassung, dass die Herkunft eines Produkts bloß eine untergeordnete Rolle spiele. Sie meinen, dass das Begriffspaar »Schweiz = teuer« ihrem eigenen Produkt eher schade als nütze. Ich halte das für falsch: Uhren-, Schokoladen-, Pharma- und Maschinenhersteller haben einen guten Ruf für Schweizer Produkte erarbeitet. Persönlichkeiten aus Wissenschaft, Sport, Kultur sowie Unterhaltung und nicht zuletzt die humanitäre Haltung der Schweiz haben über die Jahre ein positives Bild der Schweiz aufgebaut. Davon können Exporteure profitieren. Swissness hat erwiesenermaßen im Inland eine große Bedeutung. Für zahlreiche Produkte gilt dies im Ausland ebenso. Klassische Schweizer Exportartikel, teuer aufgebaute Markenprodukte sowie Exportgüter, die sich seit Jahren auf dem internationalen Markt behaupten, leben vom »Made in Switzerland«. In Anbetracht der Kosten des Schweizer Produktionsanteils sollte ein Verzicht auf Swissness wohlüberlegt sein.

Bibliografie

Historisches Lexikon der Schweiz. Stiftung HLS, Bern. www.hls-dhs-dss.ch

The World Bank: National accounts data. World Development Indicators. Exports/Imports of goods and services (% of GDP). http://data.worldbank.org

The Groningen Growth and Development Centre. Collaborative research on historical national accounts. Madison Historical Statistics. Universität Gronigen. www.ggdc.net/maddison

Historische Statistik der Schweiz Online. Forschungsstelle für Sozial- und Wirtschaftsgeschichte der Universität Zürich. www.fsw.uzh.ch/histstat

R. James Breiding, Gerhard Schwarz (Hg.) (2011): Wirtschaftswunder Schweiz. Ursprung und Zukunft eines Erfolgsmodells. Verlag Neue Zürcher Zeitung, Zürich.

Patrick Halbeisen, Margrit Müller, Béatrice Veyrassat (Hg.) (2012): Wirtschaftsgeschichte der Schweiz im 20. Jahrhundert. Schwabe Verlag, Basel.

André Holenstein (2014): Mitten in Europa. Verflechtung und Abgrenzung in der Schweizer Geschichte. Verlag Hier und Jetzt, Baden.

Joseph Jung (Hg.) (2013): Schweizer Erfolgsgeschichten. Pioniere, Unternehmen, Innovationen. Verlag Neue Zürcher Zeitung, Zürich.

Thomas Maissen (2010): Geschichte der Schweiz. Verlag Hier und Jetzt, Baden.

Carsten Nathani et al. (2014): Die volkswirtschaftliche Bedeutung der globalen Wertschöpfungsketten für die Schweiz. Studie des Staatssekretariats für Wirtschaft, Bern.

Christian Schenk (1816): Lebens-Geschichte des Christian Schenk, Mechanikus in Bern (bis zum 1. Oktober 1816). Reproduktion Schweizerische Landesbibliothek, Bern.

Tobias Straumann (2010): Warum ist die Schweiz ein reiches Land? Eine Antwort aus wirtschaftshistorischer Sicht. Die Volkswirtschaft 1/2 2010. Staatssekretariat für Wirtschaft, Bern.